素養導向之教育行政學
搭配案例討論與試題研讀

【本書經匿名審查通過】

范熾文　張文權　著

五南圖書出版公司 印行

目　錄

第六章　教育行政溝通 ················ 張文權　101

第七章　教育行政領導 ················ 范熾文　119

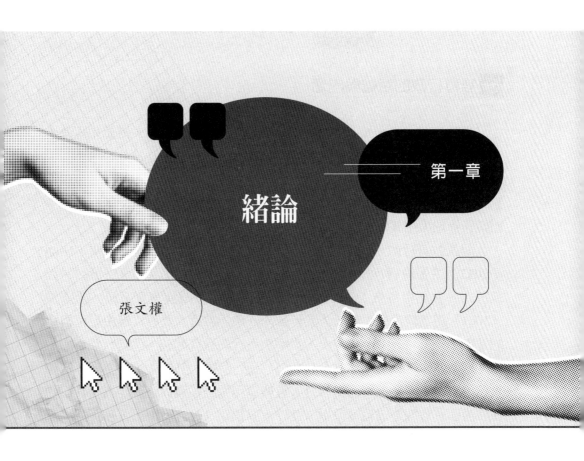

第一章

緒論

張文權

本章為緒論，重點在於探究教育行政的意涵、價值、研究方法與探究主題。共分四節，第一節教育行政的意涵；第二節是教育行政的價值與範圍；第三節是教育行政的研究方法；第四節是教育行政的探究主題。

第一節　教育行政的意涵

一　教育行政的意義與內涵

　　行政（administration）一詞，可以稱為一種為了規劃、組織和經營企業、學校或其他機構而進行的活動（Oxford Learner's dictionaries, n.d.），也可以視為機關運用適切的模式，有效管理人、事、財、物等行為，以達到目標的歷程（吳清山，2021）。可見行政係指針對組織所進行的規劃、組織與管理等相關活動。

　　而就教育行政一詞，專家學者們對教育行政都有不同的詮釋，Niah（2022）主張教育行政是經由教育的各個組成，來實現教育目標的過程或努力，並利用各種工具來支持學習和教學，以改進教育系統。顏國樑（2001）認為教育行政屬於公共行政的一環，教育人員可以經由教育組織的運作，統整教育的相關資源，以解決多元的教育問題，達到教育目標。同樣著重運作的功能，謝文全（2005）進一步擴大其概念，認為教育行政就是政府為辦理教育，而對教育人員與事務做的領導與管理作為，其目的在經濟而有效地達成教育目標。此外，梁福鎮（2021）指出，教育行政工作，旨在經由教育行政主管組織的運作，經由行使公權力，實施合理、有效的行政作為，以推展教育事業，培養健全優秀的國民，促進國家各方面的進步。秦夢群與鄭文淵（2020）也從行政的概念推演到教育行政，提及「行政」可以簡要的定義為「去執行與管理眾人的事」，而教育行政就是「去執行與管理和教育相關的眾人之事」。承上可知，教育行政近似於「教育」融合「行政」的整合性意義，首先就是綜合了行政所包含的相關原理原則，再進而探究教育的相關現象或事務，並在探究的過程，涉及人員配置、組織結構、資源運用、目標達成等環節，學校行政亦屬其中的重要內涵。

　　整體而言，教育行政包括「運用行政原理」、「探究教育現象」、「運用不同資源」、「達成教育目標」等要素，據此而論，教育行政泛指

為「中央及地方之教育行政機關，針對權責內的一切教育事務，經由行政管理的歷程，實行有效的推動，據此解決教育問題、達到教育目標以及創造教育的價值。」可見，教育行政具有下列四點核心的內涵：

(一) 含中央與地方教育行政機關

教育行政的推動需要中央以及地方教育行政機關共同的合作，並且落實學校的場域。中央教育行政機關，包括教育部與相關單位，而地方教育行政機關則指縣市教育局（處）及相關單位。

(二) 包括行政相關的一系列過程

教育行政需要對教育的相關事物進行一系列的運作過程，也就是包含計畫、組織、溝通、領導、評鑑等要素。除此之外，在運作過程當中，也有可能需要針對不同的組織情境，實行決定、變革、激勵等概念。

(三) 處理與教育有關的所有事務

教育行政處理的事物，可以泛指為一切與教育有關的事物，如同財務行政，則是指管理財務相關的事務。具體來說，大範圍從國家整體教育政策的訂定與實施、各級學校視導及評鑑、學制的規劃等，小範圍則包括學校組織的教務、學務、輔導、總務等。

(四) 兼顧組織效能與效率的達成

教育的資源涉及人才的培育，所以應該重視效率與效能，不能浪費資源。效率著重的是以最少的投入獲得最大的產出，屬於過程的概念，而效能則強調能達到預期的目標，屬於目標的概念。換言之，效能是一種組織目標的達成，具有社會與非個人的特色，效率傾向個人動機的滿意度，具有個人的特色（Barnard, 1938）。

第二節 教育行政的價值與範圍

一 教育行政的價值

藉由教育行政價值不同視角的探究,有助於理解教育行政於多元角度所能貢獻的價值,以及發揮的實際功能,闡述如下:

(一) 重視學生學習的效能

學生的存在是學校組織及教育組織運作的重要基礎,因此學生學習可說是教育行政的核心目標。進一步來說,學生的學習具有多元性,教育行政的首要價值,就需要思考影響學生學習的因素,如何提升學生的學習品質,且重視學生多元的學習成效。Hickey與Harris(2005)也強調,學校的目標就在於發展一個以促進學生學習成果的巨大文化。可見,圍繞於探究如何幫助學生學習的氛圍中,就是有效能學校的標準。

(二) 促進教師專業的發展

探討影響學生學習成果的不同因素當中,教師的專業絕對扮演重要的影響角色,所以老師的專業發展自然也是教育行政的關注焦點,過去的專業發展常常視教師為被動的學習者,這種類型的專業發展,低估了教師專業的需求,應該將教師視為主動的學習者(Waldron & McLeskey, 2010)。因此,如何透過各種管道,分析教師專業的困境,提供教師專業成長的資源,建構可以兼顧認知、技能與情意三方面,全方位的教師專業支持系統,應該是教育行政的重要議題,以及極待發揮的價值。

(三) 執行教育政策的內涵

政策設計的目的是希望可以解決社會的問題與滿足民眾的需求,所以教育政策重要的功能應該聚焦於如何解決教育的問題,以及滿足相關利害關係人的期望。循此,教育行政即應歸屬於執行教育政策的重要媒介,透過教育行政運用各種管理概念,方能有效地落實教育政策所擬定的目標。

彭錦鵬（2002）歸納文獻指出，公共政策主動權在於行政主管，政策擬定需要行政人員的參與，政策與行政具有互動的關係，可見政策與行政具有相互關聯的脈絡性。

㈣ 評估教育執行的成效

目標是教育行政的重要內涵，教育行政是管理一切相關的教育事務，然而在管理過程當中，究竟成效為何，以及最後的結果是否如預期擬定的標準，都需要藉由教育行政來予以檢核，過程當中的檢核，可以適時的修正執行的步驟與資源重整，而最後的檢核則可以作為整體成效的佐證以及後續行政作為的修正參考。同時，教育的運作績效在實行時，易陷入不易評鑑的難題，所以教育與學校行政人員更應用心思考如何進行適切的評鑑（謝文全，2005）。

教育行政應該是一種手段，而不是目的，也就是教育行政組織或學校行政組織，透過教育行政的手段，來達成提升學生學習與教師專業發展的目標，在此同時，執行教育政策的內涵，並評估政策執行的成效，亦屬重要價值。整體來說，教育行政應發揮學生學習、教師專業、政策執行與政策評估等面向的價值，以進一步彰顯教育行政的不同功能，獲得社會各界的認同。

二 教育行政的範圍

教育行政因為乃是針對教育相關事務所進行的管理作為，可見其涵蓋的範圍至少包括了管理過程當中的相關作為，以及所影響的教育事務。首先就管理歷程而言，Fayol（1949）認為，管理或行政的要素，包含計畫、組織、指揮、協調、控制。而鄭彩鳳（2008）提及行政系統化的動態過程，包括計畫、組織、領導、溝通與評鑑。謝文全（2005）則提出計畫、決定、組織、溝通、領導、評鑑與興革等步驟，屬於教育行政的歷程。依據上述，歸納發現計畫、決定、組織、變革、溝通、領導、激勵、評鑑等要素，可以形成教育行政的範圍，說明如下：

(一) 管理歷程

1. **計畫**：計畫就是強調一種準備的概念，也就是在進行任何教育行政的作為之前，應需做好相關流程的設計、資源的整合、替代方案與目標的擬定等要素，擁有明確的計畫內容，如同行政作為的指引，才可以確保效能與效率的達成。

2. **決定**：決定可以稱為一種選擇的概念，包括在計畫、溝通、領導或者是變革的過程當中，都會需要應用到決定，決定之前，需要對自己的經驗、相關環境或者是資源，進行整體性的評估，並依據計畫的目的或是想要解決的問題，獲得結論以進行最適當的選擇行動。

3. **組織**：組織是一種彰顯分工合作重要性的概念，透過組織可以讓成員清楚知道不同的分工範圍，進而讓權責明確化，也就是一種人與結構之間的組合。傳統上，包括教務、學務、總務、輔導即為部門類型的組織，而如果是為了承辦全國運動會所成立的行政小組，即可劃分為目的類型的組織。

4. **變革**：變革主要說明的是一種追求進步跟學習發展的概念。因應時代的快速變化，組織需要透過變革來進行不同層面的學習、調整，才能不斷促進組織的效能與效率。而就改革、重組、革新、轉型等用語來說，均可歸類為相似的概念。

5. **溝通**：溝通著重的是一種協調的概念，也就是教育行政人員一定會面臨不同意見的情境，此時就需要溝通，進行雙向的交流，進而達成共識。特別在民主化的時代，教育與學校行政組織，皆需要經由溝通來凝聚團隊合作的向心力。

6. **領導**：影響可以說是領導過程當中發揮的重要概念，透過領導的作為可以影響成員提升工作的士氣，遇到困境可以引導成員解決的方向。此外，領導者也需要視多元的情境特性，扮演不同的角色，採取不同的領導作為，方能建立優質的組織文化。

7. **激勵**：激勵屬於一種促使組織成員採取行動的過程。組織應該透過適當的獎勵機制、正向的工作環境或人員的互動，再經由不同的溝通管道，激發、引導、保持成員的努力行為，讓成員產生內在的動力，可以朝

向目標前進。

8. 評鑑：檢討改善就是評鑑所重視的概念，此也近似於企業界所倡導的品質管理。凡事透過計畫或執行之後，都應該經由系統性的方法，蒐集事實資料，再進行價值判斷，尋求值得維持或改進之處，進而幫助教育整體環境的健全發展。

(二) 影響因素

教育行政的範圍除了管理作為，實務上也會對於學校不同的環節產生影響，任晟蓀（2003）就認為，國小主要的行政工作，包括校長工作、教務行政、訓導行政、總務行政、輔導行政、人事行政與級任老師行政。吳清山（2021）則指出，學校行政探究的實務主題，包含教務工作、學務工作、總務工作、輔導工作、人事工作等。循此，歸納提出校長領導、教務行政、學務行政、總務行政、輔導行政、人事行政、公關行政與班級行政等面向，概述如下：

1. **校長領導**：校長是學校的首席教師，更是全校行政管理的主要負責者，所以擁有絕對的權利與責任，校長所發揮的領導作為更是位居影響學校發展最為關鍵的角色。更甚之，校長的溝通、變革、激勵等理念，也會影響教師的專業走向。

2. **教務行政**：學生學習是學校發展的主軸，而課程與教學更是與學生學習息息相關，因此有關課發會、教具整理、學生編班、學生入學、教學評量、教學方法、校訂課程、教師社群等，更是學校行政的重要元素，教務處就是負責課程與教學的相關業務，推動有關教學的相關事項。

3. **學務行政**：校園安全是學生在學校學習的基本要件，舉凡生活教育、衛生保健、交通安全、反霸凌宣導、體育競賽等皆為學務處的業務，同時，校外教學、新生始業輔導、學生獎懲等事項，也是學務處的負責項目。可見只要是學生有關的事務處理，皆多屬學務處的業務範圍。

4. **總務行政**：經費的編列與運作，可以說是校務運作的後勤支持工作，包括開學前環境的整理、設備的檢查，或者是經費運作、設備維護、財務管理、出納收支、文書檔案、校舍整修、採購業務，都是總務行政負責的項目。

5. **輔導行政**：學生的照顧應該透過全人教育的理念來加以推展，也就是除了知識的傳承，學生心理的需求，也應該獲得關注，而有關學生輔導諮商、高關懷學生陪伴也是輔導行政的重要業務，此外還包括學生的特殊教育、生涯規劃教育、技職教育、輔導資料管理等項目，也屬於輔導行政的範圍。

6. **人事行政**：人事行政的重點在於教育或學校單位相關人員的甄選、聘用、績效、福利、進修、保險、考核、薪資、出勤、介聘、退休等事項。同時，對於教師相關權利與義務的內涵，人事行政也應該主動提供即時的資訊，確保教師的權益。

7. **公關行政**：在民主化及倡導績效責任的時代，教育與學校行政自然需要回應不同利害關係人的需求，並以教育倫理為本質，進行彼此關係的建立與管理，同時教育與學校組織更需要運用多元的管道，適切的呈現績效成果，展現學校效能。

8. **班級行政**：雖然各級學校的導師、級任老師並非屬於行政人員的範圍，但是就廣義的角度來看，導師在進行班級經營時，所運用的領導、溝通、激勵或是決定的概念，同樣適用於班級的組織，所以雖然目前多以班級經營的概念闡述班級運作，但是仍可透過班級行政的觀點予以思考應用。

第三節　教育行政的研究方法

教育行政關心教育相關的一切事務，並藉由系統性的管理作為，促進組織的效能與效率，由此可知，運用研究方法解決教育行政問題、探究教育行政現象，以尋求解決方法，也是重要方向。現今社會科學研究已呈現多元典範並存之局（潘慧玲，2003），所以下列就不同研究方法，分別說明基本概念與應用實例。

一 問卷調查法

　　量化研究主要的特徵，在於透過觀察、測驗、量表、問卷，將所獲得的研究數據資料，作為假設驗證的基礎，所以如何獲得有信效度的資料，即為重要的議題（吳明隆，2003）。而問卷調查法屬於量化研究之一，也就是一種可以經由問卷將所蒐集到的資訊，運用數字說服讀者理解研究的結果，這一類得以進行大規模的調查，屬於問卷調查在研究中較占優勢之處，同時也較容易建立學術理論或分析普遍的概況，最重要的是，問卷調查分析結果可以作為後來研究者參考的重要依據，讓大家了解目前研究與先前研究的異同（張芳全，2008）。

　　承上所述，問卷調查法是一種透過問卷蒐集資料的方法，其目的可以建立學術理論、了解研究的異同、探究普遍的現況，或者是說服讀者理解研究結果。舉例而言，面對新課綱推動之際，分析校長與教師對於新政策的差異性觀點，有助於後續政策的擬定，潘慧玲等（2020）即以國、高中校長及教師為問卷調查的對象，結果發現校長、主任與獲博士學位者的變革準備度較高，並發現認知準備度最佳的是領導觀，最弱的則為評鑑觀。據此發現，顯然有助於教育行政單位理解新課綱的評鑑概念，是後續待強化的環節，而透過校長、主任與獲博士學位者，是推動新課綱的重要橋梁。

二 實驗研究法

　　實驗研究法是一種可以分析因果關係的重要研究方法，主要的概念就是指為了探究兩個變項的因果關係，在實驗情境當中，控制與實驗無關的變項之後，再操縱實驗變項（自變項）的變化，依此觀察分析另一變項（依變項），受到實驗變項影響之下的變化情形。基本上，實驗研究的原理，包括可操弄性，也就是指自變項必須可以操弄，同時也具有可分析性，也就是不同的變項都可以分析，且彼此獨立，再者就是客觀性，實驗者與被實驗者在實驗過程應保持主、客的關係，嚴守分際，不可以角色混

淆（林生傳，2003）。

霍桑實驗（Hawthorne experiment）就是行政領域著名的實驗研究，此研究項目之一為「燈光照明度與生產量的關係」，自變項就是燈光照明度，而依變項即為組織成員的生產量。在控制影響生產量的其他變項，例如：工作地點的溫度、使用的工具、成員能力的高低之後，再進行實驗，依此分析燈光的照明度，是否與生產量具有因果的關係（謝文全，2005）。

三 訪談法

訪談法屬於社會科學領域普遍運用的研究方法，在訪談的過程，可以創造一種情境，讓研究者依據彼此的雙向口語溝通，同時採用傾聽與觀察等管道，一同建構出社會現象的本質與行動的意義（潘淑滿，2003）。因此，不難發現到，訪談的優點具有靈活性，不但就訪談題目可以視情境的需求加以改變，訪談時也可以輔以行為、肢體與口吻等現象進行觀察，為確保題意是否理解，訪談前亦可共同討論題目想要詢問的經驗或場域，讓受訪者有提前準備的時間。訪談法具有不同類別，首先是結構式訪談，重視固定的題目與訪談的順序，再者為半結構式訪談，就訪談的題目與順序都較為彈性，可以依照訪談的情境調整，最後為非結構式訪談，則近似於生活當中的對話一般，所以相當仰賴訪談者與受訪者之間的關係。

準此而論，譬如蘇傳桔等（2018）為了了解與探究教師行政專業困境與其專業發展的可行方法，選擇八位國中小兼任行政教師為研究對象，採取半結構式訪談，在訪談前，先將研究問題送交受訪者，並會再一次與受訪者溝通並確認研究的問題，並就重要名詞提供文字說明，這就是應用訪談法。為了呼應研究主題在於困境與專業發展，所以即會設計類似的訪談題目：「您擔任行政工作時，是否曾感到困擾？您如何解決？」此一類型的題目，即具備半結構式訪談的特性，不但呼應到研究主題的需求，同時也提供回應的空間，讓參與者可以思考與發揮。

四 個案研究法

　　個案研究是質化研究的一種類型，著重於運用特定技巧，針對一定時間和地點存在的個人、組織、事件或是行動，進行深入認識，以確定問題所在，進而找出解決問題的一種方法（方偉達，2018）。此外，Yin（2014）也強調，個案研究是一種實證研究，此為一種在貼近現實生活環境的脈絡中，研究現階段正在進行的現象，有益於廣泛且深層描述社會現象。可見個案研究的研究對象，包括個人、組織或行動，是一種針對不同現象的研究。此外，個案研究的方法更是一種實徵性的過程，在自然情境當中，針對不同現象，採用嚴謹、多元的途徑，來尋求問題的解答。

　　依上述，顯見個案研究具有實證性研究、自然研究情境、研究不同現象、深入描述問題等重要特性。而以個案研究應用於教育行政研究來說，應有助於探究不同行政場域所發生的現象，例如：賴志峰（2018）研究校長信任領導的個案情形，就發現個案校長以建立信任為主軸，得以開展能力、誠信、關心和可信度等四個核心，並呈現管理意義、建立關係、做成決定、影響成員、傳遞結果等五大作為，參照此研究結果，就可以具體化校長信任領導在行政場域的實踐架構，深入理解信任領導所涵蓋的策略。

五 行動研究法

　　行動研究法在特性上，屬於一種強調於研究者即參與者，研究問題聚焦於現場所實際遇到的問題，以及運用有系統與組織性的方法來加以解決。陳伯璋（1991）即指出，行動研究屬於教育研究的一種類型，著重於解決當下的特殊問題，職是之故，行動研究法對於實務問題的解決很有幫助，同時也有助於連結理論與實務的管道，對於學術研究者可以驗證理論的價值，就實務工作者更是解決實務困境或了解現象的契機。

　　例如：陳成宏（2012）採取質性的行動研究，聚焦於教育行政與領導學程為教學現場，經由案例撰寫的融入教學歷程，發展以行政為主體的課程教學，同時探討其對於學員所產生領導知能的影響脈絡。結果發現，學

員的行政領導知能新體驗，可以呈現於「多元架構的思維」、「理論實務的對話」、「共時貫時的反思」三方面。循此可知，此研究對於理論與實務的連結、研究者與參與者的反思，都具有高度的啟發性。

六 德懷術

德懷術（Delphi）為希臘古都，1960年代美國蘭德公司（Rand Corporation）以Delphi為名，發展出德懷術，這不像腦力激盪法的面對面方式，而是採取郵遞信件的方式，表達自己的觀點，所以較不受時空的限制（吳清山、林天祐，2005）。而德懷術最主要的概念，就是指可以藉由匿名、多次的問卷調查，獲得多重的不同意見，進而尋求共識的過程。可見，這一個研究方法的特色就在於匿名性高，並且可以同時獲得多重意見，再藉由統計分析獲得相同的觀點（Hsu et al., 2010）。

以應用德懷術於教育行政研究領域而言，例如：張文權等（2016）為發展臺灣國民中學顧客關係管理的基本層面與內涵，建構符合國中情境的顧客關係管理模式，即採用德懷術為研究方法，採用自編的問卷，並由15位實務工作與專家學者組成德懷術小組，實行三回合研究，分析各層面的適切性與重要性，研究指出模式共包含六項層面，並發現教育倫理是學校推動顧客關係管理的重要因素，整體研究結果兼具學理基礎及實徵支持。上述研究過程，即符合匿名性、多次性、共識性等德懷術研究的特性。

七 焦點團體座談

顧名思義，焦點團體座談即強調不同的參與者，在自然的對話情境當中，針對研究者所準備的研究題目，一起進行討論及反思。因此，在討論的過程當中，不只是可以了解個別參與者的觀點，也可以提供廣泛的資訊，讓參與者彼此思考討論，由此可知，此研究分析的過程屬於質性資料分析，這並不是線性的分析，而是重複不斷的探討，可以應用於探究新的主題或驗證新的模式。一般來說，問題的類型，包括開始式問題，目的是

讓參與者有熟悉感；其次是引導式問題，目標在於協助參與者思考有關主題的論述；第三是轉化或關鍵性問題，著重於引導參與者進行關鍵議題的闡述；最後是結束式問題，在提醒研究者思考是否還有需要討論的問題（Krueger, 1998）。問題設計的大原則就是從普通到聚焦，以及逐漸呈現出重要性的題目（Stewart, 2007）。

　　舉例來說，陳成宏（2017）為了研究學校行政人員的防禦性悲觀策略，即運用焦點團體訪談，除了在訪談前，將先主題的意涵提供給參與者參考，當天訪談正式開始之前，也再進行研究主題核心概念的溝通分享。座談的題目，先從個別經驗開始詢問，再詢問符合研究主題的契合面，進一步引導參與者思考有哪一些具體的實例可以驗證主題，再深入詢問所舉實例的自我反思。可見，此一連續詢問的過程，正代表進行焦點團體座談時，應先建立對於主題的認識，同時其過程並非線性不可逆，可能透過自我的反思之後，參與者再提出不同的實例，或是傾聽其他成員的分享後，自己又產生新的啟發與感觸。

第四節　教育行政的探究主題

　　教育行政探究的主題相當多元，在理論方面有哲學、社會學、心理學等，都是值得關注的思維，而在實務層面，學校處室功能的發揮、教育行政歷程的實踐及教育政策與制度的推動，也都具有分析的價值。茲列舉各面向的分析主題，概述說明如下：

■ 一 理論方面

(一) 哲學

　　哲學具有引導問題思考、深度反思，以及啟發心靈改革等重要功能。因而在教育行政實踐的過程，運用哲學有助於行政人員思考如何解決問

題、促進學校革新、營造正向組織文化，更重要的是，在快速變動的時代，更可以作為行政人員情緒管理的媒介。具體而言，教育行政人員的哲學信念、學校行政倫理的議題探究、教育行政決定模式的反思等，均為思考的方向。

㈡ 社會學

社會學著重探討人與人，以及人與制度之間的關係，因此包含鉅觀分析與微觀分析，此觀點代表不同的社會思潮與教育行政兩者間的可能對話，對不同角度的運作也深具啟發，例如：新自由主義、批判教育學、全球化等。具體來說，教育領導者權力互動、校園倫理議題的探究、教育政策社會學，以及學校社會正義的政策論辯、校長社會正義領導等議題，都是值得分析的走向。

㈢ 心理學

心理學可以泛稱為探究人類意識和行為的科學，而教育行政乃是由人所構成的組織運作，自然有許多應用心理學於教育行政的內涵。譬如組織人際關係的建立、組織衝突的預防、激發動機的策略、領導心理學的反思、教育行政組織的變革、正向領導與正向行政、學校行政霸凌等焦點，都是屬於心理學應用於教育行政，深值探究的環節。

二 實務方面

㈠ 學校處室的功能

學校各處室的組織結構，屬於學校行政發揮的基礎所在。依循各個處室不同特性，也可以進而探究相關的行政議題，例如：教務主任如何做好課程與教學領導，帶動教師專業學習社群，促進學生學習成效，或者輔導主任如何運用正向領導的作為，建立良好的師生關係，營造校園的正向文化，同時在校園民主化的背景下，中層領導者如何應用向上領導的理念，也是當前的重要焦點。

㈡ 教育行政的歷程

　　計畫、決定、組織、變革、溝通、領導、激勵、評鑑等教育行政的運作歷程，顯然已經在教育行政組織中，橫跨領導者以及被領導者的不同角色。舉例而論，教育局局長如何與各界進行政治資源的共享，進行適當的決定，或者教育處如何擬定適切的評鑑政策，幫助學校的正向發展。在學校場域，面對新課綱的政策，行政人員如何跟老師建立良好溝通的管道，特別就偏鄉學校，如何進行資源的整合，以順利進行學校變革，實有諸多議題深值研究。

㈢ 政策與制度推動

　　擬定適當的教育政策與制度，不僅提供學校行政的指引，更是社會資源有效分配的重要依據，所以教育政策與制度，也屬於教育行政研究相當重要的領域。事實上，政策與制度的擬定有其特性存在，例如：擬定國中升學政策時，應視不同縣市的學生特性加以規劃，而偏鄉教育政策，更應通盤考量文化、經濟、區域、人力等限制，方能滿足利害關係人的需求，或者在擬定國家教育政策之前，應先比較不同國家的政策要義，方能避免全盤移植性的教育改革，忽略應貼近國內情境的重要性。

　　綜合來說，教育行政的探究主題相當多元廣泛，雖然可以遵循理論與實務的不同視野，提供探究的方向，但是仍有許多主題或是研究方法，存在跨領域的特性，實在難以截然二分，還是需要視探究主題的性質或社會的變動情境，持續進行反思與調整。

┌參考文獻┐

方偉達（2018）。人文社科研究方法。五南。

任晟蓀（2003）。學校行政實務。五南。

吳明隆（2003）。SPSS統計應用學習實務：問卷分析與應用統計。知城。

吳清山（2021）。學校行政。心理。

吳清山、林天祐（2005）。教育新辭書。高等教育。

林生傳（2003）。教育研究法：全方位的統整與分析。心理。

秦夢群、鄭文淵（2020）。**圖解教育行政理論**。五南。

張文權、范熾文、潘文福（2016）。臺灣國民中學顧客關係管理模式建構之研究。**教育學報**，**44**(1)，103-131。

張芳全（2008）。**問卷就是要這樣編**。五南。

梁福鎮（2021）。**教育行政學：理論與實務**。五南。

陳成宏（2012）我寫故我在：案例撰寫在教育行政與領導學程的實施探討。**教育研究與發展期刊**，**8**(3)，61-90。

陳成宏（2017）。哀兵必勝：學校行政人員使用防禦性悲觀策略之探討。**學校行政**，**111**，83-106。

陳伯璋（1991）。教育研究。載於黃光雄（主編），**教育概論**（頁479-524）。師大書苑。

彭錦鵬（2002）。政治行政之虛擬分際：由「兩分說」到「理想型」。**政治科學論叢**，**16**，89-118。

潘淑滿（2003）。**質性研究：理論與應用**。心理。

潘慧玲（2003）。社會科學研究典範的流變。**教育研究資訊**，**11**(1)，115-143。

潘慧玲、黃曬莉、陳文彥、鄭淑惠（2020）。學校準備好了嗎？國高中教育人員實施108課綱的變革準備度。**教育研究與發展期刊**，**16**(1)，65-100。

鄭彩鳳（2008）。**學校行政研究—理論與實務**。麗文。

賴志峰（2018）。校長的信任領導：一所都會地區學校之個案研究。**教育政策與管理**，**3**，63-93。

謝文全（2005）。**教育行政學**。高等教育。

顏國樑（2001）。邁向二十一世紀我國教育行政發展的趨勢與革新的展望。**新竹師院學報**，**14**，29-47。

蘇傳桔、伍嘉琪、許沛祥（2018）。探討中小學行政教師專業困境與其專業發展之可行途徑。**教育行政論壇**，**10**(2)，97-120。

Barnard, C. I. (1938). *The functions of executive*. Harvard University Press.

Fayol, H. (1949). *General and industrial management*. Sir Isaac pitmand and Sons.

Hickey, W. D., & Harris, S. (2005). Improved professional development through teacher leadership. *The Rural Educator, 26*(2), 12-16.

Hsu, Y.-L., Lee, C.-H., & Kreng, V. B. (2010). The application of fuzzy Delphi method and fuzzy AHP in lubricant regenerative technology selection. *Expert Systems with Applications, 37*(1), 419-425.

Krueger, R. A. (1998). *Developing questions for focus groups*. Sage.

Niah, A. (2022). Education administration perspective policy makers and educational institutions. *Indonesian Journal of Education, 2*(3), 235-243.

Oxford Learner's dictionaries (n.d.). *administration*. Retried from https://www.oxfordlearnersdictionaries.com/definition/english/administration?q=ADMINISTRATION

Stewart, D. W., Shamdasani, P. N., & Rook, D. W. (2007). *Focus groups: Theory and practice*. Sage.

Waldron, N. L., & McLeskey, J. (2010). Establishing a collaborative school culture through comprehensive school reform. *Journal of Educational and Psychological Consultation, 20*(1), 58-74.

Yin, R. T. K. (2014). *Case study research: Design and methods*. Sage.

考古題

1. 為了解與預測不同學生的學習成就與家庭背景之關係，何者是最適合的研究方法？（104年教師檢定）

2. 由於教育大環境的變動，學校成員從過去的單打獨鬥，日趨合作分享，因而教師專業學習社群之成立與運作機制，日益受到重視，希冀藉此提升學生學習成效及教師專業成長。試述何謂教師專業學習社群？組織教師專業學習社群之目的為何？教師專業學習社群之共同特徵為何？試分別論析之。（107年高考）

3. 正向領導（positive leadership）的意涵為何？教育行政領導者或人員如欲協助組織成員建立正向的工作表現，宜採行何種領導策略？請加以申

論。（110年地方特考）

4. 何謂動機？動機如何分類？曉華的期末考及期末報告有將近10項，他可以用哪些方式促進其準備考試或撰寫報告的動機？（112年高考）

5. 請說明向上領導的意涵為何？並指出身為教育行政機關的基層人員（例如：科員），您如何做好向上領導？（113年高考）

GPT輔助自主學習的關鍵提問

・想想看，過去你是怎麼用GPT軟體平台幫助學習的？再來，請討論怎麼使用GPT軟體平台才能得到更精確、有用的回應？你知道GPT有幾種軟體平台嗎？使用過哪一種？請說說看！

【學習概念：系統思考】

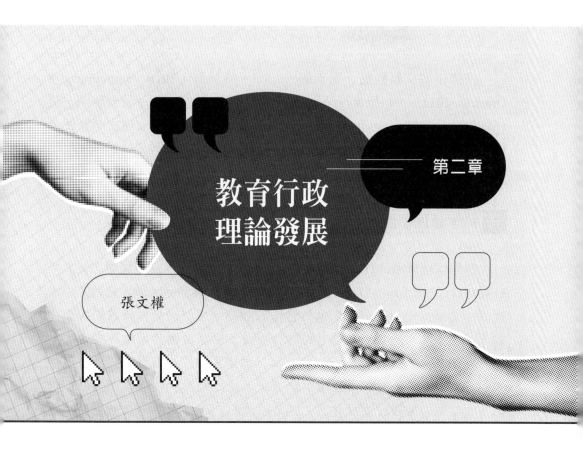

第二章

教育行政
理論發展

張文權

　　透過理論發展的探究，有益於理解教育行政整體發展
的脈絡，以及不同概念演進的歷程，而教育行政學因為屬於
應用科學，本就會受到行政學的理論發展。本章依循上述觀
點，共分四節加以闡述，第一節為科學實證時期代表理論；
第二節是行為科學時期代表理論；第三節是系統理論時期代
表理論；第四節為新興理論時期代表理論。

第一節 科學實證時期代表理論

依據相關文獻觀點（周崇儒，2003；秦夢群，2019；Lunenburg & Ornstein, 2022），科學實證時期也可以稱為理性系統、科學管理時期，時代約略介於1900-1930年，這一種重視組織結構、強調法令規定的時代，即為教育行政理論發展的首要時期。在此時期中，具有代表性的學派，又可以分為科學管理學派、行政管理學派，以及科層體制學派三種。

一 科學管理學派

科學管理學派的代表人物為Taylor，也可以稱為「科學管理之父」，在其1911年所出版的《*The Principles of Scientific Management*》書籍當中，提到了必須採用科學方法來進行管理的觀點，方為提高行政效果與工作效率的方法。依據Taylor提出觀點為基礎，再綜合相關文獻（周崇儒，2003；謝文全，2021），可以將科學管理學派的核心觀點，整體概述如下：1.科學方法：應該要運用科學方法，找出對於管理與工作的最佳方法，而非個人主觀經驗與猜測。2.按件計酬：工作的動機在於獲得收益，因此須要實施按件計酬的制度，按照每一個人的績效支薪，而不是依照團體工作量或工作時間支薪。3.專業分工：行政人員與工作人員要有所職責區分，前者負責計畫工作，後者負責執行工作，也可以稱為計畫與生產分離的原則。4.標準環境：為促進工作的績效，須提供成員標準化的工作環境、使用設備以及相關工具。5.工作區分：須將複雜的工作區分為數種簡單的工作，再由不同專責人員擔任其對應的簡單工作，在熟能生巧之下，各專責工作人員的績效愈高。6.時間管理：針對個別工作所須的時間，依據科學方法擬定生產的標準程序，進一步節省生產所花費的時間。

二 行政管理學派

　　行政管理學派的代表人物有Fayol，而Fayol因為在1916年出版《General and Industrial Management》一書，提倡行政管理歷程分析的重要性，所以又被稱為「行政歷程之父」。整體而言，Fayol最核心的主張，在於提出計畫、組織、指揮、協調、控制等五項歷程，亦需兼顧運用十四項管理原則，分別為：1.專業分工：成員依照不同的專業分成許多單位，充分發揮專業；2.權責相符：成員依據不同的職位，界定權力與責任；3.團隊紀律：擬定團隊成員皆須遵守的規定與紀律；4.指揮統一：部屬只接受直屬長官的指揮，避免指令的衝突；5.目標一致；團隊的推動目標集中一致，避免多頭馬車讓成員無所適從；6.組織優先：不會因為個人的私利，而影響組織整體的利益；7.報酬合理：成員報酬因其專長與工作性質，獲得合理與公平的報酬；8.權力集中：權力集中於領導者，以求組織行動一致；9.層級節制：組織內部的命令及權威，均依照層級傳遞；10.職位適當：不同職位都是由專人擔任，避免有事無人的情形；11.公平無私：對於聘人、經費、升遷等決定，皆應維持公平原則；12.工作安排：保障員工任期，避免適應問題；13.主動自發：鼓勵員工主動完成工作；14.團隊精神：鼓舞員工凝聚團隊精神，完成工作目標（Fayol, 1949）。

三 科層體制學派

　　Weber是科層體制學派的代表人物，Weber從社會學觀念，運用「理想類型」（ideal type）一詞，作為描述理想的社會型態及概念的分析架構，而科層體制就是Weber所提出的理想類型之一，只要能夠依據科層體制的概念運作，即能發揮最佳的組織效能，達到組織的發展目標。另一方面，科層體制為何可以成為理想的組織組織，Weber認為重點在於擁有合法權力的基礎，而合法權力又可分為三種類型，第一種為傳統權力階段，也就是權力來自於世襲與血統，人民認為國王貴族的世襲是一種傳統的信仰，然而組織體如果受限於傳統權力，不懂得隨著時代改變組織發展策

略，自然容易受到困境；第二種為魅力式權力階段，領導者權力來源在於自身的特殊人格，具有吸引群眾的魅力，這一種情形多半會讓民眾絕對服從、高度信服，例如：佛陀等宗教家即為例子之一；第三種為法定權力階段，這代表人民服從的原因，在於自法令所賦予領導者的權力，而不是服從於領導者個人本身，而這一種型態也成為科層體制當中，主要所稱的合法權力來源（周崇儒，2003；秦夢群，2019；Weber, 1947）。

科層體制從倡導至今仍受到許多組織的應用，影響相當深遠，其主要的特徵，包含：1.依法行事：法定權力是科層體制的主要來源，因此組織的運作以法令規定為重要的基礎；2.專業分工：組織當中的每一項工作，都有其專業的成員來負責；3.專業任用：組織對於任務或工作的安排，皆由專業的人士來負責推動；4.薪資保障：多數組織人員皆有一定的薪資保障；5.層級分明：組織結構好像金字塔一樣，每一個階層都有對應的管理階層；6.理性關係：組織成員之間的互動，主張以法令為基礎，一視同仁，不重視人情關係；7.建立檔案紀錄：組織成員的活動、法令或規章，均應書面化並以文字記錄；8.依年資或貢獻升遷：成員的升遷依據年資或實際貢獻來作為依據，避免因個人喜惡而影響；9.資源控制：組織從外部獲得資源之後，會受到組織行政或管理人員的控制，並依據組織的需求進行資源分配（孫志麟，2005；謝文全，2021；Weber, 1947）。

 第二節　行為科學時期代表理論

行為科學時期對應於科學管理學派，可以說是從專注於組織結構轉移到關心組織人員，整個時期約略介於1930到1960年代。事實上，組織發展應該將重視人們的需求，視同重視組織目標一樣重要（Hoy & Miskel, 2008）。而所謂的行為科學稱為研究人類行為的科學，用來了解、解釋及預測人類行為的一門學門（謝文全，2021）。此時間較為著名的有人群關係學派、需求層次理論學派、激勵保健學派及XY理論學派。

一 人群關係學派

　　人群關係學派也可以稱為霍桑實驗（Hawthorne experiment）學派，這一個學派可以說是開啟行為科學時期的序幕，所謂霍桑實驗主要由Mayo等人於1927-1932年間所主持，係指在美國芝加哥附近的西方電器公司霍桑廠進行研究。這一個實驗原本是在分析照明的品質與組織績效的關係，但發現兩者並沒有意義的相關性，實驗結果進而發現，「社會」與「心理」因素方為影響績效最大的因素（謝文全，2021）。Mayo並於1933年出版《*The Human Problems of an Industrial Civilization*》，討論霍桑實驗的結果與觀點。綜言之，人群關係學派主要的觀點是：1.滿足成員尊榮感可激勵其士氣：員工因為成為實驗的對象而產生光榮，同時實驗過程，上級的領導也較為民主，所以這一種光榮感與受尊重感激勵員工，成為其更加努力的動機。2.經由傾聽激發成員的參與感：因為在實驗的過程中，一方面會徵詢成員意見，另一方面也會允許成員適度的自主性，進一步產生能讓成員發揮智慧的空間。3.非正式組織的出現：在正式組織當中會出現非正式組織，並會進一步影響組織目標的形成。4.人的工作情緒影響極大：在實驗過程中，發現不應將人視為機器，而是應該關心人的心理需求，而且心理因素對於組織績效的影響大於物質因素（謝文全，2021；Palestini, 2011）。

二 動態平衡學派

　　動態平衡學派也可以稱為合作系統理論，主要是由Barnard所提出的觀點，Barnard以自己擔任新澤西貝爾電話公司總裁的實務經驗，認為傳統理論重視科學管理、組織目標，而人群關係學派重視人際關係及非正式組織，這兩者主要觀念應該加以融合，正式組織與非正式組織同樣重要，組織應該成為一種合作系統，唯有效率與效能並重，團體才能持續進步（秦夢群，2019）。

　　Barnard在1938年出版《*The Functions of the Executive*》，對於後世影

響極深，其主要觀點包含：1.組織是由互動成員所形成：組織是互動成員所形成的系統，這一個系統包含共同的目標、奉獻的意願、相互溝通的能力等三個因素組成。2.非正式組織的形成：正式及非正式組織兩者關係十分密切，特別以後者，雖然代表無意的、不定型的組織體系，但是非正式組織可以同時產生制約與活力的多元影響。3.物質的獎勵不如精神獎勵：短期的獎勵雖然透過金錢獎勵可以獲得成效，但是長期來說，例如：尊重、成就感、權力等精神獎勵，也是相當重要的因素。4.組織應著重溝通系統：溝通是組織發展的重要因素，經由良好的溝通可以讓部屬心聲有效傳遞，上司的命令也可以有效傳達，正式組織與非正式組織亦可以有效協調。5.主管的職能：主管應具有建立溝通系統、激發成員、為組織努力、制定組織目標等重要能力（周崇儒，2003；Barnard, 1938）。

三 需求層次理論學派

　　Maslow乃是需求層次理論學派的代表人物，他在1954年出版了著名的《*Motivation and Personality*》，探究人員需求的滿足，Maslow認為人類的行為從「需求」所引發，不同的需求形成一種層次，人們低層次的需求先獲得相當程度的滿足，下一個需求才會出現，同時需求滿足之後，才能發揮最佳的工作成效，但是這些需求也有相互重疊之處，多數人往往同一時間存在不同的需求，只是每一需求呈現部分滿足或不滿足，並由低到高，減少被滿足的比例（Hoy & Miskel, 2008）。例如：某一位公立國小教師渴望在新課綱的規定範圍內，推動某一種新的教學理念在班上的校訂課程，但是如果沒有得到家長認同，那可能代表這一位老師在生理、安全的需求上雖然有獲得滿足（因為符合新課綱規定），但是在尊榮感需求上就沒有獲得較多滿足（未獲得家長認同）。

　　Maslow需求層次理論總共分為五個層次（如圖2-1），由低到高依序為：1.生理需求：意即維持生存的基本需求，包含食、衣、住、行、性等，以學校場域，可能包括：最低的薪資、辦公室空間等。2.安全需求：成員可以在生理、心理及經濟等方面，免於害怕及威脅，並擁有保障與安

圖2-1
需求層次理論

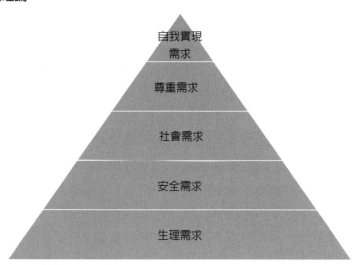

資料來源：Hoy & Miskel（2008, p. 137）。

全感。例如：學校行政人員在擬定教學巡堂的政策時，重視社會正義的原則，願意邀請教師參與決策並理解其過程，讓教師擁有安心教學的空間。3.社會需求：係指可以愛別人，也能被同儕所愛，並能歸屬在團體之中，成為團體中的一分子，例如：學校行政能善用理性溝通的原則，建立具有向心力的學校團隊。4.尊重需求：泛指成員可以自我肯定，或者是得到肯定、尊敬的需求，例如：教師普遍皆希望自己的努力可以獲得學校行政人員的讚美。5.自我實現需求：成員可以實現自我的潛能，持續創造最高度的需求，這一種需求最難獲得滿足，卻可以引發個人全心全力的投入，例如：教師面對一個具有挑戰性的課程設計，渴望可以發揮自己的專長來協助學生成長（Maslow, 1954）。

四　激勵保健學派

Herzberg為激勵保健學派的代表人物，他經由研究中發現，影響工作的因素，可以分為最滿意和最不滿意這兩件事情，最滿意的事情多與工作

本身有關，而不滿意的事情多與外在環境有關，因此，能帶來滿意的因素稱為「激勵因素」；而能夠預防產生不滿意的因素，稱為「保健因素」。此外，也因為包括了激勵與保健兩個因素，所以又可以稱為「兩因素工作滿足理論」。後續第8章另有概念介紹。

五 XY理論學派

McGregor是XY理論學派的代表人物，主要原因在於他在1960年出版《*The Human Side of Enterprise*》，這一本著作從「關於最有效的人員管理方式，你的假設是什麼？」，此一問題為開端，討論人性的觀點在管理的差異性。

所謂X理論代表傳統時期管理的觀念，也就是員工必須被指揮以及受到嚴格的控制，McGregor認為這代表了組織需要藉由威權運用與控制，所以X理論對於人性的基本假定為：1.天生對於工作厭惡，只要有機會就會逃避工作。2.天生不喜歡變革，喜歡穩定。3.無法自律或自我控制。可見這一種假定所需的領導模式傾向專制、高度控制的方法。X理論是McGregor認為過去時期的現象，相對他則提出Y理論，其人性的基本假定包含：1.會願意尋求責任並完成任務。2.會願意自我管理與自我控制完成任務。3.並非天生厭惡工作，工作可以是樂趣的來源，端視環境而定。這一種領導管理模式則可以經由民主及鼓勵的方式，激發成員的工作熱情（McGregor & Cutcher-Gershenfeld, 2006; Palestini, 2011）。

第三節 系統理論時期代表理論

系統理論時期約略介於1960到1990年之間，這一個時期的代表理論，多著重於改進科學管理學派、行為科學學派的缺失，因此試圖整合兩者的理論觀點，一般來說，系統理論時期的代表理論包含社會系統理論、Z理論、權變理論等。

一 社會系統理論

Getzels及Gubl於1957年最早提出社會系統的理論，在這個理論當中，主要包含了兩個概念上獨立，但是彼此相互關聯的現象。一個係指規範層面，包含了機構、角色、期望，希望可以達到組織系統的目標。另一個係指個人層面，分為個人、人格及需求傾向，目的在於達到個人的目標。規範以及個人兩個層面的互動，即會產生所謂的社會行為（Getzels & Guba, 1957）。如圖2-2所示。

圖2-2
社會系統理論

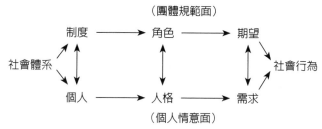

資料來源：Getzels & Guba（1957, p.429）。

原則上，社會系統理論除了強調規範與個人兩個層面，還有幾項要點（Getzels, Lipham, & Campbell, 1968）：1.效率與效能的概念：效率就是指個人動機的滿足感，傾向個人傾向；而效能即為達成特定的目標，傾向組織面向（Barnard, 1938），而在這一個社會系統當中，當成員的行為與需求傾向一致的時候，即會有較佳的效率；就展現的行為與期待一致的時候，效能也會隨之提升。2.人格與角色也有比例上的不同：行為的產生也會透過扮演的角色與交互作用影響，也就是B = f(R*P)，B係指行為，R與P分別代表角色與人格，而在不同的社會系統當中，人格與角色所占的比例也會對行為有很大的影響，例如：軍隊組織中角色的比例較高，官階的角色非常著重，相對在廣告公司，可能人格的角色較為著重，因此強調個人的創意思考。3.社會系統會與環境交互作用：文化層面也是重要因素，

也就是說，在規範與個人兩個層面會受到文化層面的影響，包含文化、習俗、價值等內涵，價值往往形成習俗，而文化又是由習俗所構成，可見教育領導者的理念，也要隨著時代脈動而適切調整。

二 Z理論

美國學者Ouchi屬於Z理論的代表人物，他是日裔的美國學者，進一步經由對日本企業的觀察以及美國企業的研究，提倡Z理論的概念，同時也在1981年出版《*Theory Z: How American Business Can Meet the Japanese Challenge*》，探討Z理論的相關概念。

Z理論主要就是綜合X與Y理論，取其各自的優點，著重融合及整體性的觀點，分別包含（謝文全，2021；Ouchi, 1981）：1.組織目標與人員參與兼顧：Z理論重視成員應該對組織目標認同，同時也可以讓成員參與組織的重要決策，經由共同參與，分享組織的價值觀。2.激勵與懲罰兼用：獎懲的模式會因人而異，有一些成員需求溝通道理的管道，有一些則運用懲罰來領導。3.重視組織文化與個人承諾：組織應形成一種文化，建立人際之間的互信氣氛，彼此有共享的組織價值觀，同時也可以自我管理、獨立工作。4.靜態、動態與生態組織兼重：Z型組織為有機體，一方面重視系統本身運作，另一方面也應該兼顧系統外部的生態環境。

三 權變理論

權變理論（contingency theory）則是Fiedler所提出的概念，主要觀點認為領導形式與情境的配合，是領導能否有效發揮的關鍵。而領導的情境包含三個面向，分別為：1.領導者與被領導者的關係：係指領導者被團體成員尊重的程度。2.任務結構：係指任務具有明確的目標、方法以及行為表現標準的程度。3.職權：係指組織賦予領導者完成工作任務的權力。這三個面向可以概分為高、中、低控制的情境，另一方面，領導形式亦可分為任務導向、關係導向兩種，任務導向重視組織任務的完成，要求工作績

效,而關係導向的領導重視人際關係,強調滿足成員的需求。依據Fiedler研究指出,在高度與低度控制情境中,任務導向的領導比較有效能,而在中度控制的情境中,關係導向的領導則比較有效能(Fiedler, 2006; Hoy & Miskel, 2008)。

第四節 新興理論時期代表理論

新興理論時期約略位於1990年之後,這一個時期的代表理論,多是對於組織的生活、行政應用的觀念提供更多新的解釋。概括來說,涵蓋的理論十分多元,包含渾沌理論、學習型組織、全面品質管理、轉型領導、道德領導、魅力領導等。其中,以渾沌理論(chaos theory)的主張深具代表性,對於教育行政應用產生重大衝擊與影響,同時,學習型組織、全面品質管理等概念,則為當代行政管理帶來新的啟發。

一 渾沌理論

Gleick於1987年出版《*Chaos: Making a New Science*》一書,介紹渾沌理論的現象。原則上,因為渾沌理論重視現象與系統的雜亂性、隨機性以及不可預測性,這與傳統觀點認為組織及許多現象是一個規則性的系統,運作可以預測,這兩者有很大的不同,前者渾沌理論傾向非線性的概念,而後續傳統觀點則為線性的概念。綜合相關學者觀點(周崇儒,2003;秦夢群,2019;Gleick, 1987),渾沌理論的特性包含:1.耗散結構:此結構並非穩定的系統關係,有時候會陷入渾沌的情境,也就是說,耗散結構的過程是一種連續的過程,會呈現出穩定、崩潰、重組的更新過程。2.蝴蝶效應:耗散結構當中,任何一種微小的改變都可能要加以留意,也就是所謂的「巴西的蝴蝶展翅,德州就可能颳颶風」,任何現象都代表某種意義不可輕忽,如果忽視細微事件,可能無法了解系統間的關係,進而

形成巨大損失。3.奇特吸引子：吸引力為軌道的一點，能吸引系統朝其方向而去，改變吸引子的話，系統的走向會隨之變化，而此吸引力性質有時簡單、複雜，也有可能隱藏或顯而易見，都是值得關注的概況。4.回饋機能：在動態與隨機的系統中，會受到各吸引子導致成果的產出，而此產出是一種非線性的方程式加以代表；換句話說，系統的產出可以藉由回饋機制成為新的輸入，新的輸入會再產出，但結果有可能與過去輸出的結果截然不同，有時無法控制或預測。

二 學習型組織

Senge於1990年出版《*The Fifth Discipline: The Art and Practice of the Learning Organization*》（第五項修練：學習型組織的藝術與實務）一書，深入探討學習型組織的不同要素，強調個人發展與組織成長彼此結合的重要性，可以藉由組織持續性的學習，適應整體的環境。綜合相關學者的觀點及評述（吳煥烘等，2020；劉乙儀、張瑞村，2014；Senge, 1990），學習型組織的五項修練，包括：1.「系統思考」：系統思考強調的是對整體，而不是對任一單獨面向進行深層的思考，例如：暴風雨前可能會遇到天色昏暗，而暴風雨後，地面的流水將滲入到地下水中，對於暴風雨的前後現象，進行整體探究就屬於系統性的思考；簡言之，系統思考是指在遭遇複雜、多元的問題或事情時，可以就問題或事件進行整體考量，而非只就單一問題探究。2.「自我超越」：自我超越是指要延伸個人的能力，屬於學習型組織的精神基礎，著重學習應該不斷思考個人的真正願望、集中精力加以實現，可見精熟自我超越的人，可以實現自己內心深層的願望。3.「改善心智模式」：這個環節強調應該學習檢視自我的心智模式，即有助於改變內心看待世界如何運作的既有假設、認知、成見、印象等。4.「建立共同願景」：係指在組織當中的成員，皆有內心擁有的共同目標，並且是一種希望可以具體落實的真正動力，可以將個體與全體共有的目標、價值觀與使命感凝聚在一起，主動奉獻在努力的過程，也就是說，願景可以是鼓舞人心的關鍵。5.「團隊學習」：團隊的學習起始於深度會

談（dialogue），也就是成員之間能讓想法自由的分享交流，依此發現遠較個人深入的見解，因此當組織真正投入學習之際，集體的智慧不僅能高於個人智慧，個別成員的成長速度也會提升。

三 全面品質管理

教育行政的過程中，為了避免失焦或陷入創新的困境，如何進行品質的管理也是重要的議題，所謂品質管理，係指「組織所有的成員及單位，都需要一起來改進品質，同時也皆為品質負起責任」；換言之，「品質」係指活動歷程、成果與服務，都能滿足消費者的需求以及大眾期待的標準；而「管理」則指有效促進品質的途徑與方法。可見，全面品質管理（Total Quality Management, TQM）可以說是達成品質目標的全面性做法。事實上，TQM一詞由Deming提出，是促使組織中每一位成員，都能致力不斷改進與永續經營的領導哲學，其基本概念包含「顧客導向、事先預防、全面參與、教育訓練、持續改進、事實管理、品質承諾」等（徐慶忠，2020）。依此，綜合相關文獻（林天祐，1999；Deming, 1986），提出學校全面品質管理的內涵，包括：

1.「行政事先預防」：此一觀念首先是把傳統「如無缺點，不必改進」的觀念，改變為「事先防範，可確保無缺點」的想法，也就是應該以事先預防為首要，而非以事後彌補為思維。

2.「全校全面參與」：組織成員要普遍參與品質改進計畫，並由小組負起品質改善的責任，且這類品質改善的小組，遍布於組織不同階層。

3.「親師生顧客至上」：滿足消費者需求是全面品質管理倡導的重要目標，也是建立高品質形象的準則，經由消費者的不同評價，決定產品與服務品質的高低。

4.「建立教育目標」：品質管理的目標應建立在持續長期的基礎，所以領導者應該率先與成員透過討論與對話，提出組織發展的願景。

5.「持續追求改進」：學生、家長或社會的需求隨時因應環境而變化，為了滿足並超越需求，應該持續改進產品（課程教學、行政管理）品

質，而欲改進產品的品質則必須持續不斷地改進系統。

6.「**建立教育品質**」：將願景與教學、學習加以結合，這種連鎖關係的建構，形成全面品質管理組織中，如同「同舟共濟」的價值。

7.「**學校成員發展**」：若組織想朝「全面品質管理」發展，則對成員的訓練發展更是不可或缺，這也如同賦權增能的概念，對教師進行專業培訓，才能提升教學效能。

上述可知，TQM提供一個協助組織創新的框架，透過以顧客為上的理念，讓創新的本質不離師生的需求，經由全員參與、持續改進的概念，更讓創新的過程，可以激發出學校所有師生的參與感。

參考文獻

吳煥烘、黃芳銘、張簡元崇（2020）。國民小學學習型組織城鄉差異之研究。**休閒運動健康評論**，**9**(2)，63-82。

周崇儒（2003）。教育行政理論的發展。載於林天祐（主編），**教育行政學**（頁19-46）。心理。

林天祐（1999）。學校品管之理念與設計—以學校運作為例。**學校行政**，**2**，2-14。

孫志麟（2005）。跨越科層：學校組織對教師自我效能的影響。**國立臺北師範學院學報**，**18**(1)，29-62。

徐慶忠（2020）。108新課綱學校運用全面品質管理思維轉化教師專業發展策略。**臺灣教育評論月刊**，**9**(6)，138-151。

秦夢群（2019）。**教育行政理論與模式**。五南。

劉乙儀、張瑞村（2014）。臺灣幼兒園營造學習型組織之可行途徑。**學校行政**，**93**，36-55。

謝文全（2021）。**教育行政學**。高等教育。

Barnard, C. I. (1938). *The functions of executive*. Harvard University Press.

Deming, W. E. (1986). *Out of the crisis*. Cambridge University.

Fayol, H. (1949). *General and industrial management*. Sir Isaac pitman and Sons.

Fiedler, F. E. (2006). The contingency model: A theory of leadership effectiveness. In J. M. levine & R. L. Moreland (Eds.), *Small groups: Hey readings* (pp. 369-382). Psychology Press.

Getzels, J. W., & Guba, E. G. (1957). Social behavior and the administrative process. *The School Review*, *65*(4), 423-441.

Getzels, J. W., Lipham, J. M., & Campbell, R. F. (1968). *Educational administration as a social process*. Harper & Row.

Gleick, J. (1987). *Chaos: Making a new science*. Viking Penguin.

Hoy, W. K., & Miskel, C. G. (2008). *Educational administration: Theory, research, and prctice*. McGraw-Hill.

Lunenburg, F. C., & Ornstein, A. (2022). *Educational administration: Concepts and practices*. Sage.

Maslow, A. H. (1954). *Motivation and personality*. Harper and Row.

McGregor, D., & Cutcher-Gershenfeld, J. (2006). *The human side of enterprise*. McGraw-Hill.

Ouchi, W. G. (1981). *Theory Z: How American business can meet the Japanese challenge*. Avon book.

Palestini, R. (2011). *Educational administration: Leading with mind and heart*. Rowman and Littlefield Education.

Senge, Peter M. (1990). *The fifth discipline: The art and practice of the learning organization*. Doubleday.

Taylor, F. W. (1911). *The principles of scientific management*. Harper & Brothers.

Weber, M. (1947). *The theory of social and economic organization*. Oxford University.

案例討論

國風國中風課師 獲KDP全國標竿獎第一名

花蓮市國風國中以「培養問題解決力—風課師（Focus students）探索學習之旅」方案，參加「2020 Best Education-KDP全國學校經營與教學創新KDP國際認證獎」選拔，從67個參賽學校方案中脫穎而出，獲得「課程領導與教師專業發展類」標竿獎全國第一名。

KDP是希臘文Kappa Delta Pi的縮寫，分別代表知識、責任與力量等教育工作的價值，KDP亦是國際知名的教育創新學會，深受國內各級學校的重視，國風國中第一次參賽就獲獎，讓學校教師團隊相當興奮。

國風國中風課師（Focus students），是以跨領域社群為課程設計師，核心價值在於聚焦學生學習。初期由童軍團教師以「領導力」主題發展營隊課程，使學生透過體驗反思、做中學等方式，培養問題解決力，逐步加入跨領域教師，以案例為課程主軸，使學生透過案例分析，討論解決方法，落實班會課程。

國風國中校長表示，「風課師」是師生共學的歷程，老師們由情感凝聚、社群建立、教學創新到課程研發的當下，學生也分別由師生信任、問題感受、問題想像到問題實踐的互動。而在方案推動中，教師們也深刻體認「師生可以一起共學成長」與「問題解決有益整體學習」兩大價值，校長強調，在培養學生問題解決的素養時，教師也是素養學習者，兩者其實是一種共同學習的關係，教師團隊也期待，未來「風課師」和學生們的共學旅程，能夠更加精彩。

資料來源：國立教育廣播電臺（2020）。**國風國中風課師 獲KDP全國標竿獎第一名**。下載於https://www.ner.gov.tw/news/5f9fd01768a9bc00067ae30f

討論問題

1. 請討論案例中，風課師（Focus students）教師社群發展概況，符合學習型組織理論的哪一些要素？
2. 如以需求層次理論為觀點，請討論案例中，教師專業發展的動力，屬於哪一些需求？

考古題

1. 有關教育行政組織如何提升行政績效之相關論點，學者彼得・聖吉（Peter M. Senge）強調組織應是一學習型組織才能發揮更大功能，試分析學習型組織之特徵為何？另，該理論對教育行政有何啟示？（102年教師檢定）（104年高考）

2. 黃校長認為課程領導能帶動學校教師和協助學生學習。他以學生與家長為中心，兼顧學校運作過程並評估成果。課程與教學活動需全校積極參與，同時建立學校相關資料庫，並持續改進與檢討學校經營績效，朝向有效能學校邁進。黃校長的辦學理念較符合何種理論？（104年教師檢定）

3. 「需要層級理論」、「激勵保健理論」為行政激勵重要的理論基礎，試述這兩個理論的主要論點，並說明能否適用於我國公務人員之激勵措施。（105年特種考試）

4. 某日學生在教室爭吵打架，導師馬上積極介入且認為已妥善處理，豈料班上的學生紛紛轉學，隨之社會輿論沸騰，嚴重影響學校聲譽。此一現象最符合混沌理論的哪一種特性？（112年教師檢定）

GPT輔助自主學習的關鍵提問

· 身為新時代的學校行政人員，你覺得傳統的教育行政理論還有價值嗎？請使用GPT軟體平台，詢問傳統教育行政理論能否應用在AI時代下的學校管理？並請與同儕討論出最可行的方案。

【學習概念：批判思考】

張文權、范熾文

第三章

教育行政計畫與決定

　　本章旨在探討教育行政計畫與決定的意涵及其相關概念。共分八節：第一節論述計畫的重要與意涵；第二節闡述計畫的模式與程序；第三節說明決定的重要；第四節是傳統行政決定的模式；第五節是權變的行政決定模式；第六節為參與決定的意涵；第七節說明倫理決定的意涵；第八節探討教育行政決定的實施原則。

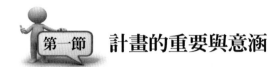

第一節　計畫的重要與意涵

　　計畫屬於行政流程的首要步驟，過去所謂的「凡事豫則立，不豫則廢」，就是代表準備的重要性，而準備的要件當中，計畫即視為中心意涵，同時計畫也可以歸屬於行政三聯制（計畫、執行、考核）的首要步驟，Danielson（2007）就指出，計畫與準備皆為值得探究的概念，這也是教師規劃促進教學專業的重要面向。可知在進行管理活動前，如果缺乏計畫的步驟，後續的執行與考核將無法順利推動。

　　綜合相關文獻（黃昆輝，1988；謝文全，2005；Fayol, 1949; Robbins & Decenzo, 2001），可以將計畫的重要性，區分為下列幾點：

一　計畫有助於管理活動資源的整合

　　在進行任何的管理活動，組織都必須先盤點所有在管理活動當中，可以運用的內部、外部、顯性或隱性資源。而因為計畫本身即具有檢視的功能，此時就可以藉由計畫的過程，協助管理者了解有關此活動可以運用的資源。

二　計畫有助於管理活動目標的擬定

　　為了讓管理活動可以有效率的進行，擬定短期、中期與長期的目標，是管理活動的重要步驟。透過計畫的過程，就可以協助組織訂定具體的目標，進一步預先理解相關資源、活動、原則、流程及費用，是否可以作為達成目標的媒介。

三 計畫有利於不同方案的評估選擇

　　管理者進行管理的實務階段，可以說是每一刻都在進行「決定」，而透過計畫的功能，可以協助管理者預先思考，如何在所有的方案裡選擇可行的管道，同時也可以在有限的資源當中，進行排序，讓行政的效率事半功倍。

四 計畫有益於管理活動成效的評估

　　任何一項管理的活動，不管是永續性或者是短期性的活動，都有其實踐的價值，而透過計畫不但可以協助短期計畫檢核具體的實施成效，也可以協助長期計畫評估縱貫性的成果，依此作為後續相似計畫的修正參考。

　　長期以來，因為計畫都是行政管理的關注焦點，所以計畫的概念定義相當多元。例如：謝文全（2005）提到計畫是以審慎的態度和方法，預先思考準備如何有效達成目標，並決定做何事及如何做的過程。而鄭彩鳳（2008）則認為計畫是對於事情預為計謀，藉以提出解決問題策略之歷程。基本上，計畫的概念包括了看待整體事物的觀點、行動準則的設計以及達到目標的方法（Merraim-Webster dictionary, n.d.）。綜上，可以發現計畫是一種涵蓋整體性、設計性、目標性的綜合概念，也就是說，計畫乃是強調「事先設計相關的目標並盤點資源，以進行資源分配及流程安排，依此擬定完成目標的策略，進而評估效率與效能的過程。」舉例來說，某國小為了促進教師專業發展，盤點校內教學輔導老師的人力資源、教學面臨的不同困境，以及校外的專業輔導人力、政策規定之後，擬定教師公開課的計畫，依序針對校內現有的資源，進行人、事、時、地、物的資源分配與流程安排，最後透過不同課程的公開課進行成效的檢核。整體來說，上述所界定的計畫定義具有幾項內涵：

一 計畫是一種系統性的流程

計畫本身應該是一個嚴謹、審慎的設計過程，依照一定的流程步驟來進行，例如：在計畫擬定之前，應先確定為什麼要這麼做，也就是目標跟計畫訴求的重點內容，依據此目標進一步的思考時間、地點、人員的安排，還有實際執行的步驟。這一些規劃的過程，都是需要具有系統性的思維，一步一步的推展，並非亂無章法的設計。

二 計畫兼具作業與策略層次

計畫在設計如何實踐目標的過程，要同時考慮作業與策略層次。所謂作業層次就是著重於如何操作（how），為了達到目標，應該完成哪一些步驟，計畫中宜詳列出階段的具體標準，以供參與者遵守。同時，策略層次則是強調計畫的價值面，也就是為什麼（why）要擬定此計畫，讓參與者理解計畫所要解決的核心問題。透過作業與策略層次的設計，即可促進計畫執行的效率與效能。

三 計畫可以協助目標的達成

任何管理活動的目的，都聚焦於如何達成目標。而經由計畫內容的設計，就是希望發揮幫助行政人員達到目標的功能；簡言之，計畫如同一張內含如何解決問題策略的地圖，可以協助成員按照地圖的路線及指引，順利抵達終點。在此同時，計畫當中的目標也可以作為成果效能評估、資源運用效率的判斷標準。

第二節　計畫的模式與程序

一　計畫的相關模式

　　計畫具有整體性與目標性等重要特質，所以就需參考脈絡化的模式，完備所欲計畫的內容，依據相關文獻，茲列舉出幾種計畫所運用的模式，說明如下：

(一) SWOT分析

　　所謂SWOT分析即指優勢（strength）、劣勢（weakness）、機會（opportunity）與威脅（threat）的縮寫。優勢與劣勢的分析，多用於檢視組織內部的條件，而機會與威脅則使用於分析組織外部的情境。SWOT分析是作為校務發展計畫過程，依此擬定策略的方法之一，目的在探究達到校務發展目標的適當管道（吳清山、林天祐，2005），近年來也已經成為學校課程繪圖的重要工具（陳英叡，2023）。SWOT分析目前在國內教育領域運用十分廣泛，各校的校務計畫中，多會進行學校整體的SWOT分析，然而在運用此分析模式時，仍需留意幾點面向：第一，宜明確理解優勢與機會多屬於正面的資訊，而劣勢與威脅多傾向負面的資訊；第二，此四個特性應視政策或環境的變化而調整，例如：如果明年學區要新設一所實驗小學，則可能會對原有學區的小學產生威脅；第三，SWOT分析的文字宜簡潔與實用，最好可以明確被歸類為正面或負面的特性，且無謂的描述亦可刪除（何宜甫，2010）。

(二) PDCA分析

　　PDCA分析包括了四個概念，依序為計畫（plan）、執行（do）、查核（check）、行動（act）。此分析模式主要的價值在於可以經由連續的循環，從小規模開始，測試對流程的潛在影響，然後逐漸導致更大、更有針對性的變革（Patel & Deshpande, 2017）。具體來說，第一個步驟為計畫，就是強調任何行動之前，應有完整的設計，以審慎的態度思考為何

要這麼做，以及如何執行的問題；第二個步驟為執行，就是依循計畫的內容，確實執行各項工作；第三個步驟為查核，意指假設發現計畫和實際執行產生落差時，就需要隨時商討改善的策略；第四個步驟為行動，強調應該針對查核的結果，重新思考修改的面向，據此提出下一步更佳的策略。原則上，PDCA的循環，即為一種永無止盡的持續性革新循環過程（Robbins, 1998）。

㊂ SMART目標分析

目標設定是計畫的重要內涵之一，而SMART目標原則，因為可以提供具體的參考依據，所以對於目標的擬定具有高度參考價值。呂全斌（2020）歸納文獻指出，SMART原則主要是應用於企業管理上的方法，是由Drucker在1954年於《*The Practice of Management*》（管理的實踐）一書中所提出目標管理的概念；Doran則將Drucker的方法用 SMART 名稱來表達整個觀念。其內涵依序包含「明確性」（specific）、「測量性」（measurable）、「可達成性」（achievable）、「實際性」（realistic）及「時間性」（time-related）等規準（吳清山、林天祐，2010）。實際在進行校務規劃時，校長或行政人員應重視凝聚團隊成員的共識，在溝通過程中參考 SMART 標準，條列出不同的目標，例如：在思考如何培養學生良好生活教育的抽象概念時，可以先擬定降低學生遲到平均次數一次為目標，依此可知，依SMART原則擬定目標時，應先擬訂一個願景或大目標，再擬定具有次序性的小目標，激勵成員逐步達成。然而，目標的擬定也需具有滾動性，保持目標的「彈性」，更能發揮目標在計畫當中的價值。

二 計畫的程序

計畫可以參酌不同模式，提升計畫擬定及執行的品質。此外，計畫因為具有設計性的特質，當論及擬定計畫的整體程序時，仍有共同性的要素，茲參酌相關文獻（吳清山，2021；鄭彩鳳，2008；謝文全，2005），概述如下：

㈠ 確定問題與目標

計畫的起源應該來自於想要解決某方面的問題，因此在計畫之前，應先界定核心的問題，同時再依據問題進行目標的擬定，目標則應該朝向具體、明確較為適宜，因為明確及具體的目標，對於計畫後續的引導力量愈大，自然可能提升計畫成功的可能性。

㈡ 分析現況的資訊

擬定計畫再依照目標蒐集相關的資料之後，則需注意是否具有客觀與詳實的標準，如有符合此兩者標準，其結果才會具有合理性。而資料蒐集的方式，主要包括問卷調查、訪談、文獻分析與檔案調閱等，在資料分析的過程中，也需留意是否符合合法性，以及資料的正確性與保存性。此外，分析資訊時，也需遵守事實性與周全性原則，應本於證據進行分析，並記錄有關經費、人力、期限等問題。

㈢ 研擬不同的方案

依據分析的資料所產出的方案，理想上應盡可能多提出幾種可行的方案，在這一些方案當中，可以參考5W1H的原則，也就是who（何人）、what（何事）、where（何地）、when（何時）、why（為何）與how（如何）的概念，呈現不同計畫方案的內容。

㈣ 決定最佳的方案

從各種發展出來的方案，衡量利弊得失之後，選擇一個最佳的方案，也是重要的步驟。其衡量的指標，大致可以從可行性（是否最容易執行的程度）、有效性（是否符合設定的目標）、經濟性（是否最符合最佳效率的原則）以及倫理性（是否對相關利害關係人最有助益）等標準，來作為決定的參考。

㈤ 實施與評鑑改進

計畫的實施及評鑑改進旨在發現問題以及累積實踐的智慧，計畫執行的過程可以實行形成性評鑑，藉此發現缺失，立即改進計畫的內容。同時，全部計畫結束之後，也可以實施總結性的評鑑，以作為補救措施或爾後相關計畫的修正參考。

第三節 決定的重要

做決定存在於任何一個組織，因此決定係學校行政人員的一個重要行政行為，亦為完成組織工作，達成組織目標的重要歷程。

一 教育行政的要義在於實行做決定的過程

決定理論乃教育行政學的核心，而做決定則是教育行政的中心功能。教育政策的決定，是否適當合理，攸關整個組織的運作，亦影響教育行政的績效。易言之，決定不只是教育行政機關的重要功能，也是教育行政人員的重要任務。美國著名行政學大師Simon認為：「組織成敗，端視管理者做決定之品質而定，組織行政管理的歷程，實際上即做決定之過程。」要言之，做決定是教育行政組織運作的核心，控制做決定的歷程可稱為教育行政的本質（Griffiths, 1959）。以學校為例，校長是綜理校務的領導人，每天有許多問題需要決定，譬如校園環境營造、營繕工程或採購業務、學生偏差行為、學校危機事件處理、家長意見溝通等等，都要靠校長做決定，以達成教育效果。綜觀上述，可以知道做決定在教育行政組織中的重要地位，做決定不僅是教育行政的重要任務，更是教育行政組織運作成功與否的關鍵因素。

二 教育行政做決定的歷程兼顧慎思與抉擇

黃昆輝（1988）認為行政決定就是行政人員為促進組織的發展與進步，聚焦待解決的問題，依其權責，經由正式組織的運作，準備若干變通方案或方法，進而施予適當裁決的歷程。由上所述，決定的意義為：1.決定是個體慎思後之選擇，以求得個人與組織更佳目標；2.強調最佳抉擇是做決定過程的主要步驟和特徵，必須考慮問題的各種事實前提與價值的前提，然後予以縝密思考，權衡利弊得失再做抉擇；3.強調決定是一種超越

抉擇的思維，且涵蓋整個管理過程。

　　組織運作時，每一個人都勢必要做決定，因而如何參與決定？可否有固定的模式依循，以增進行政效能？這些問題都值得深入探討。例如：行政學者Simon就主張人是「有限理性」，在科技限制和組織常規的束縛下，管理者往往表現出有限理性的行為，故只能追求「滿意利潤」的決定模式。有關教育行政決定模式相當多，如古典模式、行政模式、漸進模式、綜合掃描模式、垃圾桶模式及政治模式等等，每種模式都有其基本假定、主張及決定程序，也有其適用範圍（吳清基，1990；Estler,1988; Lindblom,1979; Robbins, 1993; Simon, 1976; Tarter & Hoy, 1998）。

　　然而，不易找到某種特定的最理想決定方式，應用在所有的組織，最理想的決定模式，應視不同的當前情境加以擬定。相關學者（Hoy & Miskel, 1991; Tarter & Hoy, 1998）也紛紛倡導以權變為思維的行政決定模式，也就是說，不同的決定模式皆有其應用的價值。

第四節　傳統行政決定的模式

一　古典模式（The classic model）

　　古典模式又稱理性模式（rational model），此理論是以古典經濟理論為基礎，認為人是以「全知理性」（omniscient rationality）為概念，面對問題時，皆會著重於清晰的目標、完整的訊息以及理性的分析，再者，也著重於經由最少的資源來得到最大化的教育成效。然而在現場，學校組織的目標往往擁有許多變動性，也無法百分之百掌握所有的影響元素，自然也沒有個體或組織可以做出符合最佳利益的決定（Tarter & Hoy, 1998）。

　　古典模式是直線式的決策，此模式決定的步驟，依序為：1.問題的發現；2.確認決定標準；3.依循標題的重要程度，給予不同加權；4.找出每一項解決問題的方法；5.分析不同方法的優缺點；6.挑選最佳方法（Robbins, 1993）。簡言之，古典模式透過經濟學的角度，主張人具有「全知理性」，追求最大經濟效益是可行的目標，而Simon（1976）則認為人無法具有全知理性，理性模式的決定相當困難。

二 行政模式（The administrative model）

滿意策略（a satisficing strategy）係為行政模式的核心概念，是由Simon（1976）所提出。Simon認為組織在進行決定時，因為受到許多因素的限制，所以無法完全做到客觀合理，例如：1.合理性需要輔以完整的知識。然而，有關決定的知識很難完整獲得；2.結果因為是屬於未來的概念，所以預期的結果是否能夠達到，也值得反思；3.在全部的方案中加以選擇，才符合所謂合理性的概念，實務上在考慮的過程，卻只有少數變通方案列入考量範圍。總合來說，Simon駁斥經濟理論上以「經濟人」的觀點，認為「全知理性」和獲得「最大效益」的主張，而強調應以「行政人」的角度，探究「有限理性」和「滿意利潤」的思維（吳清基，1990）。

概念上，有限理性決策與理性模式最大的差異在於：1.訊息處理上的限制：主管進行決策時，無法比較分析所有的可行方案；2.啟發性的價值判斷：往往在無意識的情形下，依據累積的經驗進行價值判斷，例如：處理面試等複雜問題；3.最低滿意度：係指以個人能接受最低限度，作為選擇問題解決方法的判斷標準，此時的決定雖不理想，但仍可接受，雖然不是最佳解，但也是滿意解（黃賀，2009）。

由此可知，運用有限理性所決定的方案，要特別注意所有可行方案的順序性，依據相關的資訊，逐項評估「足以讓人滿意」的方案，如果所尋求的方案已經達到足以讓人滿意的程度，則停止尋求最大效益的方案，因此，行政人員應追求達到「滿意的價值」，而非「非常滿意的價值」。此外，全面品質管理成為近年來的重要議題之一，其著重持續改善的理念，即為順應有限理性的思考脈絡。

三 漸進模式（The incremental model）

　　逐步漸進策略是為漸進模式的要義，由Lindblom所提出的，美國耶魯大學經濟學教授Lindblom在美國《公共行政評論》（*Public Administration Review*），發表「漸進調適的科學」（The Science of "Muddling Through"）一文，主張傳統的廣博理性決策，應用於政策分析，比較不符合實際情形，所以認為漸進調適決策，較實際、較科學、亦較妥當（Lindblom, 1959），同時，漸進的模式也著重於組織成員之間的互動，對於決定應採行漸進性、小幅度、連續性的過程。其要點如下（張世賢，1990；張德銳，1995）：

1. 人的知識能力有其限制

　　由於經濟、情緒、時間以及人際壓力等不同限制，人們對於問題沒有辦理完全的理解及分析。此為「有限知識能力」（limited intellectual capacities）之假設，不只是Lindblom的理論基礎，也是主要與傳統理性決策模式的不同論述焦點。

2. 社會互動可以形成決定

　　因為在有限的知識、理解、智慧之下，一味追守管理者對於問題，可以進行全盤的思考與分析，勢必存在相當的困境。此時，社會互動就可以協助決策者與不同成員互動，進而解決問題。

3. 現實的政治是漸進政治

　　在現實的政治脈絡當中，國家社會所產生的許多決策，多是由各黨派彼此協商、妥協、調和所達成；亦可言之，多數決策皆是植基於不同黨派的共識上，進一步調整局部的內容。循此，透過小幅度的滾動修改，以適應現實的政治情境，即為漸進政治。

4. 互動取代分析，分析附屬於互動

　　「決策是由社會互動來達成的」一言，並不是說分析沒有存在的必要性，而是強調決策主要需要社會互動來形成，而分析可以促進更佳的互動品質。由此可知，分析與互動兩者是相輔相成的關係。

5. 漸進政治係由漸進分析所形成

漸進政治的事實乃是由漸進分析所導致而成，縱使漸進分析和漸進政治的概念較為保守，每一次所產生的影響範圍不大，然而決策者也不能忽略一點一滴的改變。

6. 漸進政治貼近民主政治的概念

「每一個人可以做決定」、「決定眾人之事，應該經過討論」、「經由討論，會比較趨於相同的結論」等概念，皆屬於民主政治的特色（林玉体，1984）。相似的道理，漸進政治也認為，決策者無法專屬於個人的特權，而是應該屬於每一位社會互動的成員，共識乃形成於社會互動當中，建立一個讓大眾可以接受的決定，則需要建立於社會共識的基石之上。

綜上，漸進模型著重社會互動、漸進政治、尋求共識，看似完整的論述，仍有諸多限制存在，Etzioni（1967）即主張有不同的缺點，包括：1.漸進模式不適合應用在基本性、變革性的決策；2.漸進主義旨求固守成規與保持現狀，不重視基本性的社會改革；3.「黨派相互調適」所做成的決策，是否只代表特定權勢階級或團體的利益；相對而言，是否可能損害了未具有權勢或經濟優勢地位的階級（張世賢，1990）。

綜觀漸進的模式，強調共識的尋求以及漸進的過程，雖然符合民主政治的教育生態環境，但是如果想要進行基本性、大幅度的教育政策變革，亦或是進行危機事件的處理，漸進模式仍有可能存在無法全盤適用的窘境（黃昆輝，1988）。

四 綜合掃描模式（Mixed scanning model）

綜合掃描模式是由Etzioni（1967）所提出，主張行政者如果一直重視漸進的模式，有可能會混淆基本的決定，而為了不要陷入漸進模式較為保守的缺點，行政者應該先運用理性模式決定組織核心的政策與標準，接著再以當前的目標為前提，做出小幅度、個別累加的決定。以某國小承辦全縣或全國音樂比賽為例，假設決策者用理性模式，考量比賽時間、樂器移動、人數等因素，建立所有團體組、個人組的比賽程序，此時如果再個別

理解每一所學校的比賽時間、學校所在地、住宿飯店、練習場地與比賽場所的距離，那決策者將面對永無止盡的困境、時間及費用，並影響其行動，但如果考量特殊限制，則可小幅度調整。

　　承上述，可見綜合掃描的決定模式兼顧整體與細微，不但可以由鉅觀的層面，掌握基本原則與基本方針；同時也可以從微觀的層面，討論漸進的實施步驟，是其重要優點。要言之，綜合掃描模式係綜合了理性模式和漸進模式而成，高層次可以採用理性的模式來會商基本方針，低層次則運用漸進模式擬定實施步驟（謝文全，2005）。

五 垃圾桶模式（The garbage-can model）

　　垃圾桶模式是一種著重於非理性的、偶發性的決定。此一模式是由Cohen、March與Olsen所提出的理論，主張「組織無政府狀態」（organized anarchy）的概念。綜觀文獻（江芳盛，1998；張德銳，1995），垃圾桶模式之核心內容，包括：1.不明確、模糊的目標；2.不確定的手段與方法；3.流通性的參與。此模式應用在學校組織，亦如同一種「無政府狀態」，例如：

　　1. **不明確、模糊的目標**：常見的概念，包含「精進教學效能」、「全人發展」、「五育均衡發展」等字眼，不易予以明確的定義。

　　2. **不確定的手段與方法**：教師常以自己的學習經驗或一己之見來進行教學，而未能完整的了解不同教學法或新課程趨勢理念等。

　　3. **流通性的參與**：例如：偏鄉學校因為校內教職員的高度流動率，亦或是家長干涉校務的程度也不斷增加，進而形成學校不穩定的場域。

　　上述近似於一種無政府的學校組織，實不易以理性系統的決定模式加以解析，然而垃圾桶決定模式則較適用，好比在垃圾桶中已經裝有一些垃圾的方案，隨機選取一個方案，循此解決問題。依此，垃圾桶決定代表一種非理性決定的脈絡，較不屬於通用的決定模式，Cohen等（1972）所提出的垃圾桶模式，就是認為決定實為相當複雜且非結構性的行為，它是由「問題方案、參與人員、決策者及選擇機會」交織而成，可見良好的決

定,可能僅是當前的解決方案之一,正好適切應用於某一問題。總言之,垃圾桶決定模式的特點,包括(Tarter & Hoy, 1998):

1. 組織目標並無擬定固定的順序,可能是同時出現的目標。

2. 手段與目的之間的結合純屬偶然,兩者彼此獨立。

3. 當待決的問題能夠跟解決方案呼應時,這就是最佳的決定。

4. 所能採行的解決方案,多數來自於機會,而不是源自於理性的思維。

依據上述,可知垃圾桶決定模式在解決問題的情境下並無法完全適用,但也說明在高度變化與不確定的情境下,有助於探究影響核心問題的非理性因素。具體來說,決策過程是「問題、決策者、解決方案以及選擇機會」等這些要素,看似乎隨機相遇下的結果,當彼此交集之際,重大決策往往隨之形成(賴世剛等,2018),例如:學校頻傳霸凌及性平事件,專任輔導老師政策由教育部專案補助。相對此模式的限制也包括:1.明確的理論基礎不足;2.只具有闡述價值,而沒有系統化的研究;3.理論的論述過於繁瑣,缺乏實證性資料(黃金山,1991)。

六 政治模式(A political model)

Hoy與Miskel(1991)認為,有權力的個體、強烈的意識型態、有權力的團體,皆會產生組織的目標。實務上,多數的組織目標,往往充滿衝突,且充滿了調解、爭執、交易、遊戲等決定的過程,在此當中,可以發現操作、交易、協商成為做決定的本質,政治性的決定概念於焉而生。因此所謂的政治模式所關切的議題,即在於權力如何轉變為主導力量、個人目標如何取代組織目標、政治如何取代決定的合法程序等議題(Tarter & Hoy, 1998)。

某種程度上,政治系統亦屬學校組織的特性之一,學校也可以稱為一種許多利害關係人所組成的團體,成員可能會因為自己的目標及組織價值有所不同,而不停的競爭。例如:教師次級的團體有各具特定的意識型態、教師會為了爭取教師權益與專業自主而努力、家長也會表達參與校務

之意願、不同族群的需求也會影響政策推動。在不同的利益團體衝突與成員角力之下，運用妥協、談判與協商，無疑已經成為政治模式的主軸。

綜合而言，政治顯為政治模式做決定的主要動力，其特徵說明如下（Tarter & Hoy, 1998）：

1. 個體的目標會影響決定的實施。

2. 個體的手段與目的，可以取代組織的手段與目的，亦即先決定個體的目的，才會運用組織手段。

3. 適當的決定就是著重於能否迎合個體的目標。

4. 政治是影響決定時的最主要因素。

5. 政治模式是以權力為基礎，進而詮釋決定的一種闡述性框架。

第五節　權變的行政決定模式

實務上，最有效的決定需要按照情境來設定，沒有最佳的方式可以做決定。因此，權變的決定即是身處的環境和最適合決定模式的相互配合。其概念可由下列命題呈現（Tarter & Hoy, 1998）：

命題1：假如有完整的資訊及清晰的目標，則古典模式是較適合的策略。

命題2：假如資訊不完整，但目的很清晰，則行政模式是較適合的策略。

命題3：假如資訊不完整，目的是短暫性，則行政模式是較適合的模式。

命題4：假如資訊不完整，目的在短期內是暫時的，則漸進模式是較權宜的選擇，亦可避免負面結果的產生。

命題5：在結構鬆散組織中，假如資訊不完整、目標模糊，則問題將仍舊存在。

命題6：在結構鬆散組織中，假如資訊不完整、目標模糊，則在偶然的契機，會獲得某一方案剛好適合解決問題。

命題7：在結構鬆散組織中，垃圾桶模式能夠解釋做決定的非理性行為。

命題8：當政治主宰著組織決定時，則個人目標將替代組織目標。

命題9：在政治化的組織中，個人決定能解釋非理性的組織反應。

命題10：在政治化的組織中，當決定策略有所差異，是由個體追求自身目的時所採用的模式所導致。

決定模式與情境之配合，可由表3-1所示。

表3-1

決定模式與情境之配合

情　　境	模　　式
狹窄特殊目標、完整資訊	古典模式
不完整資訊、明確或不明確結果、有引導原則	行政模式
不完整資訊、結果不確定、複雜決定、無引導原則	漸進模式
為了解偶發之決定	垃圾桶模式
為了解非理性決定（權力、利益糾葛）	政治模式

資料來源：Tarter & Hoy（1998, p.225）。

依據上述，權變的決定論，其主張實無可以套用於任何固定組織的決定模式，意即情境因素和最適合決定模式的結合對應，才是權變式的決定。要言之，此模式係強調以權變、模式兩者交叉對應，以形成權變的決定模式，亦可稱為視不同情境所採取的決定模式。

第六節　**參與決定的意涵**

一 參與決定之意義與內容

參與決定為組織中的領導者為達成組織目標，提高決策品質，乃設立適當的情境，使組織成員在決定的過程裡，得以把全部心力投入組織中，參與討論、貢獻才能，並分享決策權力，藉以做成合理可行的決定歷程。可見參與式的決定，不只是期望成員的參與即可，更希望能夠「投入」，以社會互動的觀點，收到集思廣益的效果（吳清山，2021）。

　　在學校組織中，要如何確認教師希望參與哪一些決定？Bridges提出三項準則：1.相關性：當決定事項與教師個人利害相關較高時，教師參與的興趣也較高，包括教材、教法、學生常規、課程和教學；2.專業性：當教師具有此決定事項所需的專門素養時。例如：童軍教師在有關露營校外教學的計畫決定事項，可以較有具體貢獻；3.合法性：當此項決定的參與是自己職權所在範圍內時，即為合法性（Owens, 1987），例如：《教師法》就有規定，教師權利包括對學校教學及行政事項提供興革意見。

　　至於教師參與決定的內容，就工作條件有關的事項，以及和教育內容有直接關係的事項，可分成兩大類。第一類事項，如勤務條件、教師員額編制、每班學生人數的編制、學校設置標準、勤惰的考核、人事調動、待遇等，雖與教師有切身之關係，但由中央政府或地方政府決定，而不是教師要參與的主要事項。這些問題，可透過教育團體立法委員、教育學會或社會輿論，來表示自己的意見，而不是學校行政所能決定的。在此同時，教師參與的主要事項，應該是第二類的教育內容，例如：課程、教材、教學法、學生成績之評量、學生的輔導等，這也是和教師的專門知能有密切關係。簡言之，教師參與決定之內容包含：校務方針及校務興革之事宜，各種規劃及章則之審查、教科書之評選、課程發展及補充教材之討論、圖書設備之充實、學生各科成績考查辦法的訂定與實施、學務工作的推行與檢討，各科教學方法及教學進度之研討，以及其他適合教師參與決定之事項。

■ 二 參與決定的方式

　　參與並非一種全有或全無的歷程，領導者可採用多元的參與方式，讓部屬有不同程度的參與。依參與程度的高低為依據，有下列五種方式（Owens, 1987; Yukl, 2002）：

1. 由領導者做決定後，通知部屬。
2. 領導者做決定後，徵求部屬同意。
3. 領導者徵求部屬的意見，共同討論後做決定。

4. 領導者與部屬共同討論做決定。

5. 領導者在授權的範圍內,允許部屬自行決定。

若是進一步區分教師參與的決定,可以分為三種方式:

1. **過度參與決定**:部屬掌握絕大部分權力,亦即由部屬完全參與校務及擁有決定權力。

2. **剝奪參與決定**:完全由學校領導者及行政人員掌握決定機會與權力,決定之後再告知部屬。

3. **適度參與決定**:校務決定由領導者與部屬商議,尊重彼此的意見,共同討論後做決定。

總之,校長提供教師參與決定機會,以培養教師對學校的關懷,因為事關自己,每位教師都會關心參與,再逐漸引導其對學校的認同,加強對學校的向心力。校長在安排教師職務時,除考慮教師的意願外,亦可嘗試建立行政人員輪調制(如各處室組長及學年主任),可以避免行政人員的工作倦怠,影響整個學校的運作,藉此機會產生新陳代謝的作用,可以使工作動力源源不斷,而且大多數的教師實際參與了行政工作,較能促成相互的了解與配合,有助於提升教師工作士氣(張文權等,2023)。

第七節　倫理決定的意涵

一 倫理決定的意義與特點

「做與不做」、「應該如何做」以及「如何才能做得好」等相關的選擇與決定活動,可以說是我們在每一天皆會遇到的問題,依此可言,決定已成為在日常工作中的重要議題。依據Simon(1976)的看法,決定乃是組織的心臟。因而「決定」兩字可以說是研究組織理論的一個哲學基礎,同時也是整個研究方法的重心所在(蕭武桐,1996)。在學校組織的實務運作當中,因為追求依法行政的文化規範之下,行政人員極有可能受到技

術理性的控制，遇到教育倫理兩難的問題時，多會思考如何規避問題，並以減少失誤為主要思維，這一些皆有可能造成校園倫理的隱性傷害。是故，有效的行政運作，要有倫理規範，如果喪失倫理道德為引導，可能成為「強盜的行政」（吳清基，1990）。

　　根據上述，倫理決定可界定為：「當學校行政人員面對一系列相對的（competing）價值，需要將價值的因素、相關影響的人員皆列入考量，並思考所決定的規範、原則，可否產生指引的功能。」在學校生活中，學校行政人員面對許多相對的行為標準，這些行為標準在「是否對錯」及「該如何做」方面並不是很清楚，導致時常在行政決定時，遭遇道德兩難的窘境。因此，學校行政人員必須隨時面對著問題與接受挑戰，兼顧事實層面（facts）及價值層面（value），從眾多的事實中選擇最合理的、正義的、公平的價值，才能做好倫理決定。此項定義，具有幾項特點：1.倫理決定是發生在倫理的困境中，亦即被認為一個與倫理相關的情境；2.倫理決定會對別人發生重大影響；3.倫理決定必須考量適當的規範、標準及原則。例如：級任教師決定要將畢業旅行廠商的補助費用，補貼給班上的低收入戶學生，還是給予無低收入戶證明但實際經濟困難的學生。

■二 倫理決定的模式與實踐

　　首先，Wittmer（1994）提出倫理決定的概念，意即倫理決定是個人認知決定過程的函數，受不同個人特質的影響，舉凡自尊、年齡、性別，和各個環境因素的影響（例如：組織文化或專業標準）。也就是說，倫理決策＝f（決策過程、個人特質、環境因素），例如：在發生倫理困境或議題時，決定者有了倫理困境的察覺，透過自身倫理判斷、倫理選擇，同時受到相關團體（如主管、同事、情境）等影響，最後做出倫理行為。另外，明尼蘇達大學教授James Rest銜接Kohlberg的道德認知發展研究，提出道德決定的四階段模式，分別為「察覺區辨道德問題」、「做出道德決定」、「建立道德意圖」、「採取道德行動」，此模式普遍應用在探討個人決策和組織行為（傅佳君，2022）。

理論上，學校行政服務的精神在於教師教學與學生學習，所以在實務上，如何養成學校行政的倫理決定以滿足教學的需求，進而讓學校行政成為專業領域，首要之務應為成立學校行政人員專業團體，透過共同參與及制定，擬定專業倫理準則，以作為規範成員的重要依據。同時，校長也可運用教育、訓練及非正式組織影響等方式，將專業道德、責任與倫理，傳達給予組織成員，讓成員在日常的學校情境當中，養成倫理反思的習慣。

第八節 教育行政決定的實施原則

任何一種教育行政決定模式均需反省、思辨與批判，要提高行政決定的效能，即需兼顧決定的人員、決定的環境及決定的歷程。綜合各理論模式之優缺點，歸納提出教育行政決定的幾點實施原則。說明如下：

一 理解各種決定模式假定與應用情境

教育組織十分複雜，所面對的問題也相當多元，不可能僅採取單一模式來處理每一個事件。領導者要理解各種決定模式的假定，例如：古典模式、有限理性、漸進模式、綜合掃描模式等，因應人、事、時、地、物之不同，以及情境的多元特性，善用決定模式。

二 行政決定要適切而非絕對完美成果

人不可能「全知理性」，更不可能只追求完美的成果，所以行政決定應採取「次大化」的相對價值，在一些變通方案之中，選取一項可以接受的方案，決定者如果一直追求絕對的完美，將更容易遇到更大的挑戰。推動教育政策或執行教育計畫時，雖然訂有各項預期目標，但所實施的結果，如能符合目標要義且為多數人所接受，就是好的行政執行，亦即校長

能領導成員設定「短期、具體、滿意」的優先目標，較易落實政策。例如：國中將「減C計畫」列入學力提升的優先順位。

三 採用依序漸進及個別累增決定方法

在民主政治制度裡，每一個人都可以做決定，在社會互動歷程中探究目標，乃為漸進模式的要義。因此，在龐雜、法治的教育行政體制裡，實行大幅度的教育變革絕非易事，宜採取務實的一步一步漸進策略，先力求小面向的變化，再帶動另一部分變化，依序落實以累積成果。以大學入學考試來說，不可能一夕間廢除，必須擬訂各種方案，諸如申請入學、繁星推薦、希望入學等，如有成效且社會大眾都能接受的情況之下，再逐一實施，較能達到多元入學方案的目標。

四 決定人員需具綜觀思考及觀察能力

綜合掃描模式強調要兼顧鉅觀的基本方針與微觀的實踐步驟，此對決定者的思維，是一項重要的啟發。換言之，教育行政決定者應具有綜觀思考與細節觀察能力，方能綜覽全局。任何教育改革之決定，都有其鉅觀層面，亦即要考量國際教育變革脈動及國家教育目標，微觀層面也不可忽略，包括實行策略、人民期望、相關配套等，例如：國內的教師專業發展評鑑政策即為如此，如何回應國際及社會期望，並實際促進教師專業成長，需有全面觀察各面向的決定能力。

五 決定人員應該讓成員適度參與決定

在決定的過程中，創造成員參與的機制，是面對複雜情境之下，有效促進成員認同所決定共識的重要管道。吳清基（1990）即指出，讓成員參與決定，有益於參與者的士氣提升、讓決定可受到成員的認同、改進決定方案的品質、激發人員責任感以執行決定。因此，校長應鼓勵教師參與學

校的各項決策，在教師能力的範圍內，引導參與政策，透過參與即有可能深入理解，在深入理解後，就有可能促使教師的認同與支持。

六 行政人員兼顧知情意行的思考模式

倫理決定係為一種自己心理特質與外在情境脈絡變化，持續交互影響的歷程，其中個人特質涉及個人的情感、認知、自我效能與意志力，甚至是對他人的態度主張（傅佳君，2022），可見在決策時應考量利害關係人的知、情、意、行等層面，強調實際的公平性。例如：大學希望入學的政策，除了關懷弱勢的良善本意，也需考量弱勢者資訊蒐集的知能、弱勢者家庭支持的意願，以及弱勢者實際入學的動機等。

七 行政決定要關注反思及政策的評估

政治、利益及個人的目標，往往就是影響行政決定過程的重要因素，因而行政人員在決定時，需要秉持反思的態度，留意弱勢族群的權益是否有所損害，在決定後也需要進行政策評估，將政策的目標與實際效益進行相互檢視，方能確保決定政策的成效。

參考文獻

江芳盛（1998）。垃圾桶模式在我國教育決策分析上的應用。**教育政策論壇，1**(2)，13-24。

呂全斌（2020）。**運用SMART原則提升學生實務技術學習成效之研究—以物聯網實務課程為例**。教育部教學實踐研究計畫成果報告。

何宣甫（2010）。**學校行銷策略管理**。五南。

吳清山（2021）。**學校行政**。心理。

吳清山、林天祐（2005）。SWOT分析。**教育資料與研究，63**，144。

吳清山、林天祐（2010）。**教育e辭書**。高等教育。

吳清基（1990）。**教育與行政**。師大書苑。

林玉体（1984）。**教育概論**。東華。

張文權、林明地、陳信助（2023）。「教師兼任行政工作倦怠」相關議題研究之回顧分析：以《學校行政》期刊論文為範疇。**學校行政**，**146**，60-87。

張世賢（1990）。**公共政策：林布隆**。風雲論壇。

張德銳（1995）。**教育行政研究**。五南。

陳英叡（2023）。整全學校課程運作系統。載於洪詠善、陳英叡（主編），**整全式學校課程發展與實務**（頁10-15）。國家教育研究院。

傅佳君（2022）。國小教師倫理決定量表之建構。**教育研究學報**，**56**(2)，77-98。

黃昆輝（1988）。**教育行政學**。東華。

黃金山（1991）。**垃圾統決策理論之研究**（未出版之碩士論文）。國立政治大學。

黃賀（2009）。**組織行為：影響力的形成與發揮**。前程文化。

鄭彩鳳（2008）。**學校行政研究─理論與實務**。麗文。

蕭武桐（1996）。**行政組織的倫理決策研究：台北市政府公務人員倫理決策之實證研究**（未出版之碩士論文）。國立政治大學。

蕭武桐（1998）。**行政倫理**。空中大學。

賴世剛、郭修謙、游凱為（2018）。空間垃圾桶模式外在效度之實證檢驗：以台北市為例。**都市與計畫**，**45**(1)，1-24。

謝文全（2005）。**教育行政學**。高等教育。

Cohen, M. V., March, J. G., & Olsen, J. P. (1972). A garbage can model of organizational choice. *Administrative Science Quarterly, 17*, 1-25.

Danielson, C. (2007). *Enhancing professional practice: A framework for teaching*. Association for Supervision and Curriculum Development.

Etzioni, A. (1967). Mixed scanning: A 'third' approach to decision making. *Public Administration Review, 27*, 385-392.

Estler, S. E. (1988). Decision making. In N. J. Boyan (ed.), *Handbook of research on educational administration* (pp. 305-340). Longman.

Fayol, H. (1949). *General and industrial management.* Sir Isaac pitmand and Sons.

Griffiths., D. E. (1959). *Administrative theory: Current problem in education.* Appleton Century Crofts.

Hoy, W. K., & Miskel, C. G. (1991). *Educational administration: Theory, research, and practice.* McGraw-Hill.

Lindblom, C. E. (1959). The science of "muddling through". *Public Administration Review, 19*(2), 79-88.

Lindblom, C. E. (1979). Still muddling, not yet through. *Public Administration Review, 39*(6), 517-526.

Merraim-Webster dictionary (n.d.). *Plan.* Retried from https://www.merriam-webster.com/dictionary/plan

Owens, R. G. (1987). *Organizational behavior in education.* Prentice-Hall.

Patel, P., & Deshpande, V. (2017). Application of Plan-Do-Check-Act cycle for quality and productivity improvement-A review. *International Journal for Research in Applied Science & Engineering Technology, 5,* 197-201.

Robbins, S. P. (1993). *Organizational behavior: Concept, controversies, and applications.* Prentice-Hill.

Robbins, S. P. (1998). *Organization behavior.* Prentice-Hall.

Robbins, S. P., & Decenzo, D. A. (2001). *Fundamentals of Management.* Prentice-Hall.

Simon, H. A. (1976). *Administrative behavior: A study of decision making process in administrative organization.* Free.

Tarter, C. J., & Hoy, W. K. (1998). Toward a contingency theory of decision making. *Journal of Educational Administration, 36*(3), 212-228.

Wittmer, D. P. (1994). Ethical decision making. In T. L. Copper (ed.), *Handbook of administrative ethics* (pp. 507-534). Marcel Dekker.

Yukl, G. A. (2002). *Leadership in organizations.* Prentice-Hall.

案例討論

停辦全國學生表藝競賽將開賽 防疫規定挨批

全國學生表演藝術類競賽年約30萬人參與，團體組已連2年因新冠肺炎疫情停辦，遭家長詬病。111年教育部近日宣布，原則上如期舉行，若須因疫取消，將在賽前21天公告。家長樂見開賽，並說此賽防疫規格嚴格，比如入圍學生所讀學校因疫停課，就不能參賽，不太合理。

根據110學年全國學生表演藝術類競賽防疫指引，競賽過程中，所有人員要全程戴口罩，僅競賽中負責吹奏類樂器的學生，可在演出時暫不戴，表演結束後仍應戴口罩。此外，各競賽禁止共用化妝品，舞蹈團體組、創意戲劇比賽全面禁止化臉妝，違者將遭扣分。

有家長認為，孩子學音樂投入大量時間、心力，此賽團體組已停辦兩年、只有個人組如期，參賽者在聽聞停辦的當下感到失望。家長們不否認，如期舉辦競賽的防疫風險當然更高，尤其吹奏類樂器，無論教師指導、學生練習或比賽時，都必須脫下口罩吹奏。但希望教育部公平處理各項比賽，若高中籃球賽HBL照辦，表藝競賽也應以照常舉行為原則，畢竟此類競賽涉及升學，若毫無原則喊卡，只會引發民怨。

資料來源：聯合新聞網（2022）。**停辦2年的全國學生表藝競賽將開賽、防疫規定挨批**。網址https://udn.com/news/story/6885/6079506

討論問題

1. 請討論就案例的內容，可以運用哪一些教育行政決定的原則？
2. 請討論如以校長或學務主任的角色，面臨全國表藝競賽停辦時，對於校內團隊，應有哪一些配套的合理決定？並需考量哪一些因素？

考古題

1. 教育計畫是學校一切活動之本,近年來,不少學校以PDCA作為推動校務評鑑的自我評核流程。試問PDCA四個字母各代表何種意義?並說明其實施步驟。(103年教師檢定)

2. 請依序寫出教育政策制定的決策過程,並說明過程中各階段的重點。(108年教師檢定)

3. 教育行政決定漸進模式(incremental model)的主要特徵是什麼?此一模式的適用時機為何?(109年高考)

4. 某校的決策過程大多是顧及不同立場教師之間的爭執,經利益折衝後做出決定。該校行政決策較屬於哪一種模式?(112年教師檢定)

GPT輔助自主學習的關鍵提問

・針對案例,請用GPT軟體平台模擬校長、學務主任、家長和學生等角色,在面對全國表藝競賽停辦和防疫規範的情況下,分別會怎麼想、怎麼做?再依據不同角色的思維與做法,詢問擬定平衡方案的原則。

【學習概念:系統思考】

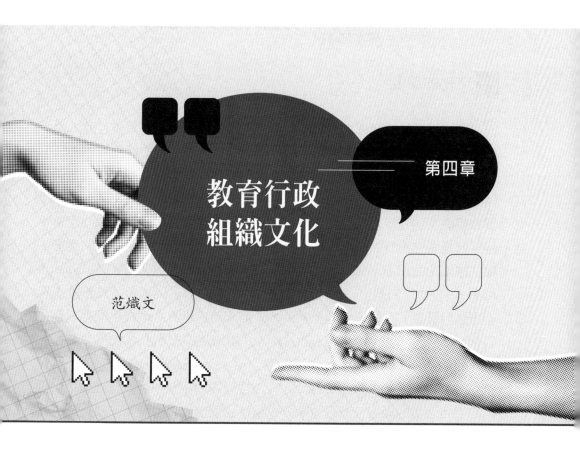

第四章

教育行政
組織文化

范熾文

本章旨在探討教育行政組織文化的意涵、模式與策略。
共分四節：第一節為文化的重要與意涵；第二節論述組織文
化的功能與層次；第三節是組織氣氛的意涵與理論；第四節
分析組織文化的營造策略。

第一節 文化的重要與意涵

一 文化的重要

學校行政如欲發揮功能，就需要進一步思考如何培養學校行政人員，具備合宜的核心價值觀，同時實踐於每天的工作項目，方能蘊育出優質的學校文化，這也是學校的領導者，需要與成員一同努力的方向（張明輝，2009）。同時，文化對企業經營的觀點，也具有重要的關鍵角色，因為優質的組織文化對於企業的組織發展，可以提升競爭力與生存發展的優勢，相對若是固守舊有的模式，而不思改變的話，自然無法適應時代的趨勢，難逃被淘汰的局面。Morgan（1986）在《組織意象》（*Image of Organization*）一書中特別列出一些大企業公司的標語口號。例如：「實施計畫者必須制訂計畫」（德州儀器公司）。「48小時向世界各地提供配件服務，否則由本公司付款」（Caterpillar）、「IBM意即服務」（IBM）、「進出是我們最重要的產品」（通用電器公司，General Electric）、「不要驚奇」（假日飯店，Holiday Inns）。從這些簡短的字句，可以充分顯示出不同組織所著重的面向，而且象徵著企業核心價值的重要層面。

由此可知，文化本身除了與組織績效息息相關之外，透過組織標語、口號及標誌，也彰顯其獨特的組織文化，進而維持核心的競爭優勢。換言之，文化具有影響組織績效、強化組織價值、維持競爭優勢等重要層面。

二 組織文化的意涵

文化乃是組織在面對其外在適應與內部整合的困境之際，所學習而得之共享的基本假定，也就是信念、思維、價值觀、知覺等，這些皆由組織成員所共同享有，同時也會分享給新進的成員（Daft, 1999; Schein, 1992）。而就組織文化一語，概括來說，組織文化是正式與非正式組織交會後的產物，包括成員共同的信仰、價值觀以及期望，屬於催化組織內部

成員運作的重要元素（張慶勳，1996）。當然，由於社會團體性質不同，特殊社會團體有其特殊的文化；不同的地區也有其不同的文化。例如：年輕人有其特別型態的行為、思想、服飾、語言，為成人所難以了解，稱為年輕人文化（teen-age culture）。另外在某些機構中，也存在著特別的文化，如工廠文化（culture of the factory）、學校文化（culture of the school），這類文化與大社會有別，在社會學研究中稱為次級文化（sub-culture）（林清江，1981）。

　　從上所述，學校組織文化乃是學校所有成員所構成的內在價值觀、秉持信念和外在的行為與規範，舉凡校長、行政人員、師生之間，所擁有的觀點、通則、言語、生活方式等。具體來說，學校組織文化是教職員生一同擁有的無形信念及有形的行為，涵蓋了基本假定、價值觀與人造器物，可以產生學校組織經由長期經營之下，所衍生而來的符碼、規範、模式與基本假定，透過無形的潛移默化，會傳達且影響成員，轉化成為獨特的組織文化體系。此定義的特點，包括如下（陳慧芬，1997；張慶勳，1996；Ott, 1989）：

(一) 學校組織文化是成員主觀界定及決定後的產物

　　因為組織文化的獨特性，自然而然所包含的態度、期望、想法、言語、制度、風格方面，與其他組織文化不盡相同。應用於學校組織，其文化更是一種學校的成員主觀界定，以及決定區分之後的產物，會透過持續性、長期性的社會化過程，傳遞組織所產生的文化，給予學校的相關成員。

(二) 學校組織文化是人與環境互動的動態連續歷程

　　組織文化是人與內外部環境在互動的歷程裡，所發展出的獨特價值、信念與規範。因此，學校的文化具有傳承歷史與綿延發展的特性，例如：許多故事代表學校核心價值，這一些故事就是由人與環境交織而成，代表師生互動或老師貢獻的成果。

(三) 學校組織文化可以形成一種正式性的行為規範

　　組織文化的產生，一方面是因應組織生存而產生，另一方面也是為了

促進組織行為的規範而營造而成。可見，學校組織文化可以構成有影響力
的正式規範，並引導組織成員的行為，這一種行為包含生活或工作模式、
分工的原則、溝通的習慣等，在規範行為之後，也有助於成員的行為獲得
組織的認同。

㈣ 構成學校組織的文化應該需要長期性的醞釀內化

組織文化想要形成對成員的規範，絕非是短時間可以建立，而是需
要持續性的修正，一步一步形塑而成，形塑的過程也需要不停地變革與成
長。因而，學校如欲形塑出組織文化，即需長期的醞釀，漸漸累積並內隱
於組織成員的思維，方能表現出符合文化的某種行為規範。

㈤ 學校組織文化是共同持有以及共同學習的成果

組織文化如欲達到內化於所有成員內心，進而規範行為的目標。學校
組織文化就一定要是屬於彼此共同分享與學習的成果，共同分享代表文化
已滲透於組織的不同層面，共同學習表示此文化乃是動態修正而來，符合
學校組織的基本假定。

第二節　組織文化的功能與層次

學校組織文化可以發揮影響成員行為的功能，主要原因在於文化乃是
個體與情境的相互影響，進一步成為學校團體的一種行為模式。下列分別
以功能及層次說明如下：

一 組織文化的功能

文化有兩項重要功能，首先是整合組織成員，協助成員知道如何建立
彼此的相互關係，再者就是有助於該組織適應外部環境（Daft, 1999）。
換句話說，文化具有促進組織適應外界環境與整合組織內部關係的重要貢

獻，茲就不同功能，分述如下（張慶勳，1999；Robbins, 1998）：

㈠ 組織成員方面

1. **凝聚組織成員的認同感**：成員時常身處於組織文化，即可了解組織的歷史傳統及內含的意義，也呈現組織成員符合組織文化的氣質。

2. **減少組織成員的壓力**：組織文化具有規範行為的功能，所以在組織成員面對內部環境適應，以及外部環境影響的情境之下，就可以透過組織文化來獲得安定的力量，幫助組織成員減少適應的焦慮與工作的壓力。

3. **協助組織成員理解組織的目標**：組織文化在長期積累過程中，也無形間代表組織所存在的價值，以及共同努力的信念，所以透過有形的人造器物或者是無形的價值傳承，都可以讓成員明確理解組織存在的意義，以及永續發展的目標。

4. **加強組織成員解決問題的能力**：組織文化的重要價值之一，在於讓成員的行為規範有所依循，所以在面對組織問題解決的情境當中，都會引導成員如何解讀問題的本質，進一步強化組織成員問題解決的能力。

㈡ 組織運作方面

1. **組織文化有益提升組織的效能**：優良組織文化可以強化組織單位的功能，降低成員犯錯的機率，與此同時，也可以降低工作倦怠、避免產生疏離感。

2. **組織文化有助凝聚組織向心力**：組織文化提供成員行為與思維的適宜規準，因此組織文化為新進成員社會化的重要媒介，同時也具有規範成員言行脫序的功能。

■二 組織文化的層次

組織文化雖然傾向抽象、不易理解的概念，實然具有其層次性。譬如學校的圖書館設置半圓型的迴廊，且放置幽雅的桌椅，成為同學下課閱讀、談心的地方，重視同學的學習及情感交流，可能就是學校所重視的文化之一。具體而言，組織文化的內涵，可以分為基本假定、信念價值和人

造器物三個層次（Schein, 2004）（圖4-1），此三者間的關係是一種具有清晰分明的循環過程，包括外顯以及內隱的類型。

圖4-1
組織文化的層次

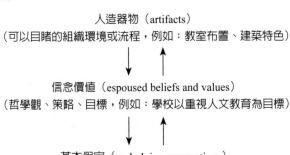

資料來源：Schein（2004, p.26）。

(一) 人造器物層次

　　最上層的人造器物是三個層次裡最容易被觀察，屬於其他層次的具體反應，也可以稱為組織文化的表面層次。這些實質或非實質的事物及行為，都可能在有意識或無意識之間，傳遞有關組織價值、信念、想法與假定的資訊。其內容包括具體的空間布置、文化與口語、藝術作品、日常慣例、典禮、語言、藝術、宗教、器物、制度等。此層次是人類智慧外顯的結果，也是學校新進人員最容易觀察到的文化層面，雖然相當具體，但不易解讀其背後的意義。茲列舉常被提出思考的概念（陳慧芬，1997；張慶勳，1996；Smirch, 1983）：

　　1. **言辭類的人造器物**：包含符號、典故、迷思、術語等。例如：各校的校徽標幟，可以扮演傳遞意義的溝通工具，就是一種符號。而不同學校有其特殊的故事典故，代表組織所著重的價值和行為規範。

　　2. **行為類的人造器物**：包含儀式、活動、慶典等。例如：升旗儀式、入門儀式、百年校慶活動、師鐸獎儀典等。

　　3. **物質類的人造器物**：包含建築、工具、服裝等。例如：學校建築

物、校服特別性的設計等。

(二) 信念價值層次

中層的信念價值，包含哲學觀、策略、目標等，可以形成組織成員行為的規範，須經過長期的驗證，才能轉化為基本假設，約束組織中成員的行為，並非所有的價值觀都能轉換為基本假定。

(三) 基本假定層次

最底層的基本假定是組織成員對其生活周邊的人、事、物，以及組織本身所擁有的一種深層認知，往往不自覺，並讓成員覺得是一種想當然爾的感受。這一種基本假定代表更根本性的價值觀、信念，會隨著問題解決、假設驗證、情境變化而漸漸形成，並以一種理所當然的方式，引導成員思維與行為（Schein, 2004）。

第三節　組織氣氛的意涵與理論

一　組織氣氛之意涵

在不同的學校當中，可以感受到不同學校的氣氛，例如：在某學校當中可以感受到師生之間的對話相當熱絡，彼此願意關心學習生活的不同面向，有說有笑，辦公室的工作氣氛也相當愉悅。相對來說，當我們踏入一所學校，師生互動的態度冷漠，老師之間也不願意進行專業交流，甚至於常常樹立行政與老師之間的對立，上述不同學校的實際感受，也就是屬於一種組織所呈現的氣氛。一個學校組織是由一群教師與學生所構成，擁有規範、秩序、組織型態及權威階層，所以算是一種小型的社會體系（陳奎熹，1990；黃昆輝，1988）。簡言之，組織氣氛可以說是一種成員對學校特徵的主觀感受，包括教師對校長的信任、團體凝聚力、工作投入等（張德銳，1991）。

　　一般而言，組織氣氛對於組織文化與員工效能兩者之間，具有補足或強化的效果（任金剛，1996），可見組織氣氛具有能夠催化組織文化的功能。基本上，組織文化係指組織信仰、基本假設與價值觀，而組織氣氛則是傾向一種個人所知覺的組織文化，譬如學習型組織主張員工應著重系統思考並積極參與團隊學習，即屬組織文化，而成員個人所知覺的差異性，就屬組織的氣氛，組織文化常運用質性研究來分析，而組織氣氛多傾向量表的調查（秦夢群，1998），兩者皆具有無形以及對效能影響的相同性，也具有整體組織觀與個人知覺觀的差異性，所以組織氣氛與組織文化，對於探究組織的不同影響觀點，都具有探究的必要性。而組織氣氛的意義，得以透過社會學、心理學與哲學角度，分別說明：

㈠ 從社會學的角度而言，組織氣氛是組織中的人際互動、人與情境互動，如物質設施、師生的互動感情，以及組織的規範，不同因素綜合而成。例如：教室裡的同儕交流、師生互動、社區關係互動，以及組織結構的互動等。

㈡ 以心理學的視角剖析，亦即所謂的「歸屬感」。例如：每一所學校都有其獨特的學校氣氛，學校的差異性，會讓人有不同的感受，即使無法目睹，也無法碰觸，但教師與學生都可以感覺到存在。

㈢ 由哲學的視野來看，如同強調組織氣氛當中的個人知覺，每一個人對於氣氛都有其不同的知覺，需重視與尊重個人知覺的主體性存在，並且會隨著時間的累積，個人會有所省思，以建立個人的知覺。

　　綜上，可見組織氣氛可稱為是一種成員對於組織的基本假定、信仰價值或人造器物，具有主觀性的長期或短期知覺，在知覺的同時，也會受到有形的組織結構或無形的社會互動所影響。

■二 組織氣氛之理論

㈠ 社會體系理論（social system）

　　所謂社會體系，就是指兩個人或兩個人群的互動而成，同時行動者之間有彼此互動的相近行為表現，此種表現是由不同人群在共同的目標導向

（或共同價值觀念）之下，所一同形成（陳奎憙，1990）。

　　基於上述，Getzels與Thelen（1960）主張人類在社會體系中所表現的社會行為，時常受到兩個因素的影響：第一是制度方面的因素，又稱「團體規範」層面，像是制度的角色期望即屬制度的因素；第二為個人方面的因素，又稱「個人情意」層面，譬如個人的人格特質與需要傾向。在這一個社會體系裡，非常重視個體具有獨特人格的需要性；此外，歸屬感以及學校制度，也占有舉足輕重的地位。

(二) 組織氣氛類型（organization climate description）

　　Halpin與Croft於1966年用組織氣氛描述問卷，調查學校組織氣氛，而所謂的學校組織氣氛，指的就是校長與教師兩者行為相互影響的成果。具體來說，首先在校長方面，校長的行為可以包括四個層面：1.「疏離」：指的就是校長跟老師之間生理或心理的距離。2.「成果」：著重在督促老師達到教育目標的程度。3.「以身作則」：泛指校長自己本身願意努力的程度。4.「關懷」：係指校長關心、體諒老師的程度。另就教師行為面向，也同樣包含四個層面：1.「隔閡」：指老師跟同事、學校之間，在生理與心理方面的距離。2.「阻礙」：指老師會受到跟教學無關的事情，或是行政端干擾的程度。3.「工作精神」：係指老師服務的士氣程度。4.「同事友誼」：代表老師之間緊密互動、相互信任的程度（丁一顧，2003；謝文全，2005）。

　　上述校長與教師的行為層面，又可以交互形成六種氣氛類型，依序為開放型、自主型、控制型、親密型、管教型、封閉型，這一些類型，代表組織氣氛乃是由開放性到封閉性變化的連續概念（謝文全，2005）。

第四節　組織文化的營造策略

　　在學校內部行政運作與外部適應互動中，對學校的傳統、儀式、歷史、故事和迷思、英雄人物等，其所蘊含的組織價值觀，均是學校的重要價值與信念，不只是影響成員的行為，也關係到教師專業承諾的養成。學校如果想要營造組織文化，就可以針對不同面向加以推動，使得現有行政制度、建築空間或課程教學充滿文化的意義，以促進學生有效的學習。茲略述如下（Bryman, 1992; Daft, 1999; Schein, 1992）：

一 運用儀式來凝聚彼此共識

　　儀式與我們的生活相當密切，不同族群、不同地區都有其儀式，它可以是特定團體或特定儀式有計畫的活動，構成了一個特殊事件，一般是為了群眾利益而進行。例如：豐年祭就是原住民族的重要慶典活動，代表特定的文化意義。而在學校，校長可以透過各項儀式，讓師生有公開的集體活動來凝聚共識，就針對表現優良的師生而言，藉由儀式的公開表揚，達到激發向上的目的。另外，有的學校則透過升旗的儀式，加強學生對民族的認同，讓學生體認到國旗與國歌的重要性，培養學生對國家的感情。

二 運用慶典來發揚傳統文化

　　透過慶典的儀式，可以找尋民族文化的根源及價值性。就以百年校慶來說，象徵著學校永續發展與成長的歷史意義及價值，具有傳承文化及教育教化的功能，更甚之，可以邀請各屆傑出校友回到母校來接受表揚，以激勵學生之上進心，建立傳統文化之善的循環，同時，校長也可利用百年校慶對外行銷，將學校的發展願景及特色予以宣揚。除此之外，教育部辦理的師鐸獎評選，其意義對老師而言，也是從事教育志業的最高榮譽，目的在發揚尊師重道的優良傳統，宣揚教師專業的精神。

三　運用故事來理解學校歷史

　　好的故事會讓人感動而產生情感認同，也就是說，故事勝過教條，每個人都喜歡聽故事，可以較為容易拉近成員之間的距離，營造信任感，建立一個具有目標及信心的組織。而故事也是文化內涵的一部分，乃是建立在組織成員當中，經常重複及分享的真實事件。舉例來說，提到新竹中學，馬上令人聯想到辛志平校長的領導風格，奠定新竹中學的良好文化；而慈濟的證嚴法師喜歡說故事，開展了慈濟志業。在學校情境中，校長也可以將校內特殊優良教師的努力過程，編成故事，描述個人特質、領導風格、教育理念、經營策略、人生的轉折點及經驗的貢獻，讓學校師生了解故事中所代表的歷史價值。

四　以象徵符號傳達重要意義

　　文化對人們思想與行為產生極大的影響，這些影響通常比官方政策的權力運作、計畫內容、法令規章的影響還要深遠，而符號屬於文化的一種，常常扮演傳遞意義的溝通工具，亦是傳送文化價值的工具。象徵符號普遍應用於組織的日常生活中，例如：許多企業的標誌或學校的校徽，皆印在信封、信紙，甚至是服裝上，作為組織對外的識別系統與內部的認同表徵，2024年12強棒球隊以"Team Taiwan"為口號，即為象徵符號。同時，在學校中，校長也可透過朝會向全校師生宣揚校徽符號所代表的意義，認同符號之後，就能達到溝通的目的，進一步將符號所創造出來的願景與理念，落實於課程與教學。

五　用特殊語言強化溝通價值

　　語言可以塑造和影響組織的價值觀和信仰。領導人有時會使用口號或說法，表示企業價值的關鍵，口號可以很容易地讓員工反覆使用。在校園中都會發展出一些學校常用的學術用語，這些術語的發展必須是要簡單扼要，且具有專業性，讓師生一聽就清楚明瞭。此外，校長在與老師們溝通

時也可以使用特殊語言,進而加速與組織成員的溝通,節省溝通的時間,例如:校長在校務會議中,如果想要強調學習的重要性,即可表達「學校所有作為要以學生學習為核心」、「定、靜、安、慮、得」,如果是分享提升親師合作的策略,即可表達「親師溝通可以善用同理心」等語言。

六 規劃環境來發揮境教功能

學校建築環境不僅是學校教育的必要設施,也是陶冶學生身心、激發學習動機、涵養開闊胸襟、發揮境教功能的實體環境。因此,學校建築的優劣良窳,在發揮教育的功能、學校目標的確立、師生互動的催化,以及學生行為的變化,均有重要性的影響力(湯志民,2000)。例如:中正大學在校園中,就設置清園,清園創建於2002年,目的為紀念已故校長林清江先生,肯定他對中正大學的積極建設。再以臺北市健康國小為例,主要的學校建築融入開放空間的設計理念,採用班群概念來設計,將三至四個班級的教室連結在一塊,各個班級有各自的班級教室,也有共用的班群空間,具有適切性和靈活性的優點,這一種學校建築即代表開放教育的理念,希望學生在開放空間裡,培養開闊的心靈。

七 透過社會化協助教師適應

培訓新進教師一直都是重要的議題,在如何維持教師的專業水準與績效之下,幫助新進教師更迅速的適應工作與環境,成為重要關鍵,新進教師的社會化過程,對於日後教學投入與熱忱,有很大的關係。成功的社會化可以讓教師更順利地融入學校工作之中,譬如為發展雙語教育,校長在教師甄選時,就特別強調學校雙語教學的重要性,依此甄選專業的教學人才,發展學校特色。同時也規劃新進成員的專業訓練、安排教學輔導教師制度,協助新進教師了解環境、學校願景、組織概況、規章制度與學生概況。

八 以日常行動彰顯文化意義

實務上，組織成員往往會透過領導者重視的態度，以及獎勵制度的設計、具體行為的展現，了解什麼是對組織最有價值的事務。例如：學校中有許多活動即反映文化的重要價值，包含校長一再強調教師節的活動需審慎設計，即代表校長對於學生尊師重道的態度，有其高度的重視，再者，校長表達運動會的競賽活動中，應有全班都可以參與以及合作的項目，即代表校長重視班級凝聚力、學生分工合作的理念，或者是校長全程出席音樂性社團的聯合成果發表會，透過上台致詞與全程參與，就是強調音樂教育於學校落實的重要面向。這一些都是透過日常活動，具體彰顯重要文化意義的概念。

參考文獻

丁一顧（2003）。教育行政組織。載於林天祐（主編），**教育行政學**（頁113-148）。心理。

任金剛（1996）。**組織文化、組織氣候、及員工效能：一項微觀的探討**（未出版之博士論文）。國立臺灣大學。

林清江（1981）。**教育社會學新論：我國社會與教育關係之研究**。五南。

秦夢群（1998）。**教育行政─理論部分**。五南。

張明輝（2009）。學校行政核心價值，載於國家教育研究院籌備處（主編），**教育核心價值實踐之研究**（頁185-206）。國家教育研究院籌備處。

張德銳（1991）。台灣省中小型國民中學組織效能與工作滿意、組織氣氛、校長行政能力與敬業精神之調查研究。**新竹師範學報，5**，99-148。

張慶勳（1996）。**國小校長轉化、互易領導影響學校組織文化特性與組織效能之研究**（未出版之博士論文）。國立高雄師範大學。

張慶勳（1999）。**學校組織轉化領導研究**。復文。

陳奎憙（1990）。**教育社會學研究**。師大書苑。

陳慧芬（1997）。**國民小學組織文化之研究——所台中市國民小學的個案分析**（未出版之博士論文）。國立臺灣師範大學。

湯志民（2000）。**學校建築與校園規劃**。五南。

黃乃熒（1999）。我國中等學校行政病態之診斷研究—中部六縣市為例。**教育研究資訊**，**7**(4)，146-183。

黃昆輝（1988）。**教育行政學**。五南。

謝文全（2005）。**教育行政學**。高等教育。

Bryman, A. (1992). *Charisma and leadership in organizations*. Sage.

Daft, R. L. (1999). *Leadership: Theory and practice*. The Dryden Press.

Getzels, J. W., & Thelen, H. A. (1960). The classroom group as a unique social system. In N. B. Henry (Ed.), *The dynamics of instructional groups, socio-psychological aspects of teaching and learning: The 59th yearbook of the National Society for the Study of Education.* University of Chicago Press.

Morgan, G. (1986). *Images of organization.* Sage.

Ott, J. S. (1989). *The organizational culture perspective*. Brooks/Cole.

Robbins, S. P. (1998). *Organizational behavior*. Prentice-Mall.

Schein, E. H. (1992). *Organizational culture and leadership*. Jossey-Bass.

Schein, E. H. (2004). *Organizational culture and leadership*. Jossey-Bass.

Smirch, L. (1983). Concept of culture and organizational analysis. *Administrative Science Quarterly*, *28*(3), 339-358.

案例討論

受學生詩作感動設計 國中新建工程獲金質獎

　　校園老舊將更新改建的國中，最新消息傳來，新建設計圖榮獲國家卓越建設獎「最佳規劃設計類」金質獎，其中，規劃望向柴山的「詩意長廊」；象徵航向大海的「艦橋船首」；與創造海洋記憶的

「時光牆」，是特殊的設計，也是獲獎的主因之一，殊不知其靈感來源，原來是建築師被學生的詩作「旗津印象」所感動而設計，成為獲獎的感人小插曲。

榮獲教育部海洋創新教育特優學校的國中獨特環境，以「歷史記憶、學校精神、教學目標」三個核心，結合表現力、合作力、品格力、創造力、及行動力，希望規劃成為藝術的校園、運動的校園、閱讀的校園、形成社區記憶的校園、海洋文學的校園、國際的校園（雙語），與創意的校園。校長強調在規劃之初，包括徵詢參訪、專家指導、社區參與，才產生的需求規劃書。

其中，在海洋文學的校園，規劃可將海洋詩作為環境裝置藝術，將島上子民對海洋的想像與詩意融入在校園景觀中，於是除了規劃出「詩意長廊」，還有將四間教室變成的「艦橋船首」，象徵航向大海，以及創造海洋記憶的「時光牆」。

在「形成社區記憶的校園」的規劃上，營造社區的記憶，創造集體記憶的場所，利用擋土牆及高低層落差，設置「時光牆」，讓畢業生，集體寫下對未來的想像，形成社區共同的回憶。

資料來源：漾新聞（2022）。**受學生詩作感動設計**。下載於https://www.youngnews3631.com/news_detail.php?NewsID=1030

討論問題

1. 請討論如以Schein組織文化三層次觀點，案例中的學校分別具有哪一些內涵？
2. 請討論案例中符合哪一些學校組織文化建立的原則？哪一個面向值得作為未來營造學校或班級文化的參考？

考古題

1. 何謂「學校組織文化」？請舉例說明現階段中小學主要組織文化，並說明教育行政人員如何協助學校建立有助於師生的教學與學習的學校文化？（98年地方特考）

2. 試分析組織文化對組織成員行為與組織共識有何影響？學校文化對學校變革有何正面與負面的影響？學校校長如何形塑學校的文化？（99國北教大教經所博士班）

3. 試列舉兩項形成中小學學校文化的內涵，並針對此兩項說明如何因應，以形成優質學校文化、發揮教育功能。（104教師檢定）

GPT輔助自主學習的關鍵提問

．如果你是活動組長，想凝聚師生的向心力，並以適合的音樂來改進學校的儀式（例如：畢業典禮），請先開放性詢問GPT軟體平台是否有新的建議？再請你思考如何結合組織文化的三層次理論來實行。

【學習概念：問題解決】

第五章

教育行政組織變革

范熾文

　　本章旨在探討教育行政組織變革的意涵與實施原則。
共計五節：第一節論述組織變革的重要；第二節是變革的
意義、特質與種類；第三節為組織抗拒變革的原因與因應方
式；第四節分析組織變革的程序；第五節探究學校組織變革
的原則與歷程。

第一節　組織變革的重要

時序進入21世紀之後，全球社會變遷相當快速。經濟方面，區域性經濟組織紛紛崛起，突破國界藩籬；政治方面，民主與集權兩大強權對立局勢不再，取而代之的是文化及宗教衝突不斷。處在此瞬息萬變之國際局勢，是一危機，也是轉機。當前各企業組織無不嘗試進行組織變革工作，試圖在競爭與效能導向下，追求企業競爭能力。亦可言之，在遭受到疫情對於社會各層面動盪之影響，近年國外已紛紛藉由VUCA（volatile, uncertain, complex and ambiguous）一詞，代表變動性、不確定性、複雜性及模糊性等社會現象（張文權、范熾文，2022）。

一　變動時代下，組織變革不易成功

在上述面對VUCA的時代，更強調組織需要應用變革的理念，追求永續發展，其實組織變革是一種不斷創新與演變之歷程，組織發展會根據外界環境變動，偵測潛在機會及威脅，找出自身具有的價值及缺點，綜合思考出組織未來應走的方向。同樣在學校場域，為提升學校競爭力與教育品質，學校組織改革成為學術研究與政府決策之重要課題，在學校組織轉型成為變革、動態、民主型態的新興組織後，校長展現的領導模式，也必須跟著新脈動加以調整（吳清山，1998；張明輝，1999；張德銳，1996）。然而，實際上，學校變革看似乎為現今學校的常態，但容易遭遇困境及失敗，往往變革只著重表面的技術，而忽略實質的成效，在眾多形成變革失敗的原因當中，學校缺乏有效能的變革領導，即是不可輕忽的要素（謝文豪，2004）。

二　校長領導是組織變革重要因素

　　循此，隨著學校重視組織變革的趨向，校長是學校組織的領導者，包括民主型或權威型、開放型或閉塞型等單一型態的模式，已不符合需求，以變革領導方式來管理經營學校，方能適應於現代競爭的社會。Daft（1999）也認為，在領導一項重大變革項目時，領導者必須察覺到變革過程是分不同階段進行，每一個階段都有其重要影響，而且可能會需要較長的時間，領導者在變革歷程中固然有其責任，引領員工和組織發展。

三　國內外組織結構變革持續推動

　　除了領導是關鍵因素，國內外組織型態的變革，也是重要的環節，學校組織乃是政府體制的一環，從1980年代開始，各國學校組織革新也開始風起雲湧，美國、英國、澳洲等學校，都積極推動學校組織革新工作，其重點包含學校本位管理、教育選擇權（school choice）、教師增權（teacher empowerment）、教育券（voucher）、特許學校（charter school）等（吳清山，2001；張明輝，1998）。可知學校要有因應變局之能力，方能生存，透過全球視野與系統思考，尋求教育發展之契機。同時，在國內的教育改革工作，於行政院成立教育改革審議委員會後，就開啟許多的教育改革研究，行政院教育改革委員會於1996年在《教育改革總諮議報告書》中，即強調教育的鬆綁，著重增加學校教育的自主與權利，並視「學校自主經營」為變革的焦點，近年也有實驗學校的興起。上述代表學校組織變革，已經成為國際之間，還有國內各界所重視的焦點。

四　學校需要內外互動來推動變革

　　學校組織具備許多不同的觀點，舉凡組織穩定發展的靜態觀、視情境而決定歷程的動態觀，更具有教師服務熱忱的心態觀，以及有機學習的生態觀。可見，學校組織是一個系統化的有機體，在內部與外部變化迅速

的情境，不能固守傳統的運作模式來適應多變的情況，學校必須不斷推動組織的發展，尤其在開放社會系統之下，學校本身與外在社會大系統要產生密切連結，爭取社區外在資源；對內學校之中有許多次級系統，包含教師、行政人員、家長、學生等，因而學校的決策要考量教師、家長與學生意見，建立夥伴關係，由利害關係人共同參與校務運作，以提升組織適應力。所以變革需要考量內部的人員、結構、工作流程、組織文化與氣氛，還有外部的教育歷史、社會趨勢、政治、經濟、文化、教育行政與政策、教育法令等外部因素（林明地，2002）。職是之故，學校除了需與外在社區建立良好互動的關係之外，也需要不停的隨著情境變化，調適革新，才能適應未來的生存發展。

綜言之，學校組織變革實為不易成功推動的過程，而如能綜合校長領導觀點、組織結構觀點，以及組織互動觀點，將是組織變革成功的思考方向，上述不但表示組織改革具有整合不同管理過程概念的重要性，也彰顯學校推動組織變革，符合學校實際發展與國際脈動趨向的價值。

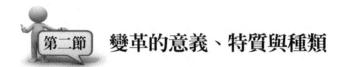

第二節 變革的意義、特質與種類

組織在面對變革影響的脈絡，就會自然的形成一股推或拉的力量，導致組織內部的不穩定，同時為了這一種緊張與不穩定的狀況，組織此時就需要轉化，直到緊張或不穩定的狀態獲得緩解（吳清山、林天祐，2003）。以下就變革的意涵、特質與種類，分述如下：

一 變革的意義

變革一詞，可以概稱為組織在針對特定目標進行有計畫性的設計之後，按照系統性的程序推展，進而提升組織效率與效能的過程。秦夢群（1998）認為變革與「革新」（innovation）的概念相似，主張將

「change」譯成「興革」。Owens（1998）認為變革乃是組織由某一層次狀態或情境，轉變為另一種層次、狀態或情境的過程，而轉變的過程，可分為計畫性或非計畫性兩類。整體來說，組織改變與組織變革仍有眾多差異，如表5-1。

表5-1
組織改變與組織變革之差異

組織改變	組織變革
個人、團體或部門層次的部分改變	1. 組織層次的整體改變
原有營運架構的不變	2. 營運架構的改變
內部的改變	3. 內外關係的改變
連續性改變、改善	4. 不連續的改變
主導邏輯（dominant logic）或典範不變	5. 主導邏輯或典範改變

資料來源：徐聯恩（1998，頁1）。

　　就學校組織而言，校長異動、設備增補、環境工程、增聘教師等，都造成學校組織改變，但此非組織變革。學校組織是由「人」和「結構」兩個重要元素所組成，所以在進行變革時，不外乎可以稱為進行兩方面的革新，其一是調整組織結構，稱為「組織中心變革法」（organization-centered approach to change），例如：為了情境改變的需求，增設或重設組織結構或人員；其二是轉化成員的認知、行為與態度，稱為「成員中心變革法」（people-centered approach to change），例如：在職進修的落實，可以協助組織知識的革新，提升組織的變革與適應能力（林淑貞，2004；謝文全，2000；Kotter, 1990）。綜上所述，組織變革可以說是一種具有組織結構與組織人員改革的持續過程，此過程包括顯性、隱性、外部、內部等不同面向。

■二 變革領導者的特質

　　所謂變革領導者的特質，係指帶領組織成員進行有意義變革之最高指導者，在行為上所表現持久而有目標的個性特徵。Fullan（2004）在《*Leading in a Culture of Change*》一書中，提及變革型的領導者應有三E的特質，意即Enthusiasm（熱情）、Energy（活力）、Hope（希望）。熱情乃是實現願望的源頭，是激發團隊協作的要素，而活力乃是表示可以全力以赴的力量；希望乃是指充滿理想，不輕易放棄夢想的人，方能得到最後的勝利（林淑貞，2004）。此外，林麗冠（2006）歸納文獻，認為「變革領導者的特性」，主要分為權威式、高壓式、前導式、教導式、民主式、協調式，以及同理心、自我規範、社交技巧、驅動力等情緒智商特質。

　　據此來說，變革時代的領導者必須具有幾項特質，包含以身作則、積極正向的態度、正確的變革領導概念、認同變革的理念、有效能的領導等，才能成功領導組織的改革。總言之，身為組織變革的領導者，首先在認知層面，必須會評估影響組織變革成敗的因素，共同塑造成員及組織的願景目標，了解組織變革的程序，同時就技能層面，應該充分授權讓成員可以參與，並組織變革團隊，以引導組織有效變革，最後以情意層面，非常需要以人性關懷為主的態度，結合各項有利因素及資源，激發組織成員的潛能，塑造正向的組織文化。

■三 組織變革的種類

　　變革領導所變革的範圍，包括了組織結構與技術面向的變革。就學校而言，組織變革的種類可以分為三種，分別為：系統變革（systemic change）、計畫變革（program change）與事件變革（event change）。茲論述如下（林淑貞，2004；Owens, 1998）：

㈠ 系統變革

　　系統變革是一種最具影響力的型態，可以影響組織規範、組織信念與整體環境。例如：教師公開授課的政策如何落實於學校，此時，校長如

果想要進行長期與意義性的變革活動，就一定要與同仁檢視學校的深層假定，這些都涉及組織基本的信念、規範與權力關係。

㈡ 計畫變革

計畫變革為學校層面的實施計畫與方案，只適用於某部分的學生與少數的老師，例如：針對學校新舉辦的歌唱比賽，雖然想要養成學生跨領域學習的素養，即有可能只侷限於音樂背景的老師參與協助。所以，此變革的影響層面僅止於部分成員的價值與信念，比較無法遍及整個學校組織。

㈢ 事件變革

事件變革是指學校變革的實施成效，僅止於組織成員在日常生活與事件的變革。例如：實施行政人員上下班的打卡制度，這種會影響成員日常生活作息的調整，或者是從教師的書面請假推行到網路請假的模式，也會改變成員的日常習慣。

第三節　組織抗拒變革的原因與因應方式

領導者應熟悉組織變革的流程，且具有變革領導的知能，以有效策略滿足學校組織與個人對變革的需求，學校才能實現變革。茲就組織變革的困境、原因與因應方式，分析如下：

一 組織變革的困境

我國公立中小學校因為屬於公家機關，具有層級節制、結構明確的科層色彩，這種組織如果太封閉，忽略了人與環境互動之機會，缺乏改革的能力，就不能提升學校組織的競爭力。茲就組織變革的困境，說明如下（吳清山，2001；張明輝，1998；張德銳，1996；潘慧玲、洪瑞璇，2022；謝文全，1989；Forsyth, 1999）：

㈠ 學校組織缺乏彈性

科層組織理論是由Weber提出，科層組織雖然可以確立組織結構、權責分工的功能，但也有不少批評，例如：過度分工造成作業繁複，造成員工的厭煩、不講人情造成員工士氣降低、權威階層的層層節制造成溝通上的障礙、法規條文造成組織僵化，缺乏彈性等（張明輝，1999）。學校組織無法彈性因應社會變革，則會影響了教育的品質。

㈡ 學校組織忽略社會資本

學校組織在變革的過程，往往未能明確了解社會關係的多元脈絡，還有不同參與成員之間的權力互動關係。其實社會資本具有促動組織變革的功能，強調一種人際互動與協作的能力，透過人與人的互信與協作，是變革的重要成功因素。

㈢ 具有鬆散結合系統

鬆散聯結（loose coupling system）的概念是由Weick提出的論點，強調組織的非邏輯結構，組織內部各要素與目標間，沒有一定的關聯性，彼此的關係縱使有所關聯，各自仍保持獨立性（張明輝，1999）。學校雖有一般行政組織科層化的現象，也有各種法令規章存在，但在學校組織中，各個成員彼此有關聯卻又保持相當程度的獨立，這是因為學校組織乃屬於鬆散結合系統，例如：學校班級的導師，在編制上雖屬於校長、主任的成員，但有時候在教學上的關係卻又微弱鬆散。

㈣ 功能複雜、責任艱鉅，不容易評鑑其成效

而教育的功能就是培育人才，然而教育生產過程非常漫長，不如企業產品，容易評鑑其成效。可以見得教育屬於所有工作中，最需要時間才能驗證成效的工作，因此學校教育功能複雜、責任艱鉅，不容易評鑑其成效。

二 組織抗拒變革的原因

當個體遭遇組織的變革時，皆可能因為不同的原因，而不願意接受改變。Yukl（2002）即認為高階管理團隊常常主導許多組織的變革，但是理想的組織發展，應該讓任何成員都能發起變革，並且成為對變革成功有所貢獻的一分子，同時，對個人及組織而言，抗拒變革是一個很正常的現象。依此而言，如果領導者可以理解抗拒變革的原因，那麼在組織中，就擁有較高的成功變革機會。當組織進行變革時，常常會遭受到的抵抗，主要是由於下列五個面向所導致（孫本初，2001；黃賀，2009；Hodge & Johnso, 1970）：

㈠ 習慣改變：遵守自己熟悉的方式處理事務是一般人的習慣，所以當人們面臨變革來臨時，固有的習慣必須改變，此時發自內心不願接受新的習慣，即為抗拒的原因。

㈡ 影響安全感：一般來說，人們對安全感皆有高度的需求性，對於組織變革後的不確定性，即為影響安全感的最大威脅。

㈢ 經濟或利益減損：人們往往在變革之後，會十分擔心自己所原本擁有的地位、資源，可能因為變革而造成損失或降低原有的水準。

㈣ 害怕不確定性：因為人員不能預期與掌握變革後的情況，人們皆會害怕將來無法勝任工作，或者需要花更多時間來適應，繼而產生不確定的恐懼。

㈤ 選擇資訊過程產生偏差：人員在面對資訊選擇的過程，會因為個人認知的不同，而對有利或不利於己的資訊進行篩選，這一種情形下，即會產生偏差。

綜言之，個人因素及組織因素兩大阻力，即屬於抗拒變革的原因。陌生情境的面臨、個人習慣的變化、變革方案的未知、舊有社會關係變化、參與革新計畫管道的不足、當前利益損失等概念，皆屬於個人的阻力；而另外組織的阻力，包括組織結構的習慣性、資源分配的影響、既有權力受威脅、組織溝通不良等。綜觀上述，經由人性的角度思考，如何減少組織內部員工對未來的恐懼感，進而建立大家的安全感，乃為組織變革成功的重要因素。

三 面對抗拒變革的因應方式

面對組織成員抗拒變革的阻力，如何釐清錯綜複雜的抗拒因素，並從中擬定因應方式，消除變革所帶來的不安與疑慮，則有賴組織領導者的思維。綜合相關文獻觀點（孫本初，2001；陳木金，1999；Yukl, 2002），提出學校面對抗拒變革的因應方式，如下所述：

(一) 教育增能與溝通

透過教育訓練，可以協助學校成員獲得變革方案所需增進的技術能力，減低因為變革所產生失敗的憂慮，以及既有利益受損而產生的壓力。

(二) 擴大決策與參與

減少變革抗拒的最佳方式之一，就是藉由變革的參與，提高組織成員對於變革投入的熱忱（陳木金，1999），校長要向組織成員說明變革的理由，以幫助學校成員清楚變革方案對學校運作的影響，有參與決策的成員，也會比沒有參與決策的同仁，對結果產生更高的承諾感。

(三) 提供環境及心理支持

對於因工作調整而產生恐懼的成員而言，提供協助與支持是最佳策略。學校可利用教育訓練增進組織成員獲得新的技能之外，增進成員溝通及非正式交流的機會，有助於提升同仁對於變革方案的了解與認同。

(四) 採取漸進式與計畫式變革

變革如果缺乏方向或產生許多不確定性，將會影響組織成員參與的信心。具體作法是授權教職員工參與執行變革的計畫，盡量排除各種可能的障礙，創造近期的具體成果，以創造共同努力的高峰經驗。由此可知，宜採取漸進式、計畫式的變革，較能讓成員有時間適應新的挑戰，尋求變革的意義性，進一步達到變革的目標。此外，也可以運用R-D-D-A變革模式，意即研究（research）、發展（development）、傳播（diffusion）、採用（adoption）。此種模式採用理性實證的觀點，強調先將理想的理念或方法藉由實驗，再推展到教育領域（秦夢群，2003）。

第四節 組織變革的程序

領導者要成功地實施變革，就必須仔細注意每一個發展的階段，所以分析變革的程序有其重要性。Lewin曾提出變革程序的模式，認為成功的組織變革與發展，必然遵循「解凍（unfreezing）－變革（change）－再凍結（refreezing）」三個步驟，也就是組織面對內外挑戰時，會就問題以解凍方式改變現況，接著再依據目標進行變革，最後為求永續發展，必須再凍結以求穩定成效（廖春文，2004）。

接續，Kotter與Cohen（2002）參酌Lewin變革程序，再提出八階段變革規劃的程序，依序為：1.在第一階段，領導者要建立一種急需變革的危機感。2.第二階段，建立一個強大的變革團隊，授予足夠的權力以引導變革過程，並在群體中培養合作的精神。3.第三階段，建立具有吸引力的願景和戰略。4.在第四階段，主動廣泛地傳播願景和戰略。5.第五階段，需要授予員工根據願景行動的權力。6.在第六階段，領導者需要創造短期的勝利成果，建立信心。7.第七階段為鞏固現有成果，以實施更大的改革。8.第八階段，係指在組織文化中，需將變革加以制度化。如表5-2所示。

表5-2
八階段變革程序

階段	變革行動	新的行為
1	建立危機意識	人們開始互相訴說，「讓我們來！走吧！我們需要改變！」
2	組織變革團隊	一個足以引導重大變革的強大團隊已經形成，並且開始良好合作。
3	形塑共同願景	為了變革的成效，引導團隊發展正確的願景與策略。
4	溝通變革願景	成員開始相信變革，並展現於具體行為。
5	賦權增能	更多成員可以感受到所能實踐的願景。
6	產生變革勝利成效	成員努力去嘗試實現組織願景，同時愈來愈少成員會抗拒變革。
7	績效評估與擴大成效	成員行為會持續的改變，直到實現願景。

階段	變革行動	新的行為
8	深植組織文化與制度	雖然有傳統的推動、變革領導者更替等限制因素，但是新的、成功的行為仍然不停的發展。

資料來源：Kotter & Cohen（2002, p.6）。

綜上，歸納學者不同觀點，（吳昌期，2005；張明輝，1999；張文權、范熾文，2022；廖春文，2004；Daft, 1999; Kotter & Cohen, 2002），將組織變革的程序，分述如下：

一 建立危機意識

在學校組織如何變革的現況中，建立危機意識是首要努力的方向。學校可以採用SWOT或PEST方式分析，檢討反省學校組織發展的遭遇困境，以及喚起競爭力降低的危機感，再營造成員對學校轉型的變革共識。具言之，學校應廣泛蒐集各項資訊，理解學校發展的方向，擬定學校未來發展目標，凝聚組織成員核心價值，鼓勵成員共同為學校教育目標表現，積極做好將危機轉化為轉機的準備。

二 組織變革團隊

成功的組織變革除了可藉由建立危機意識而達成共識，更需要立即組成變革領導的團隊。廖春文（2004）認為，藉由創新方式營造的危機意識與轉型共識，可以使學校不但坐而言，同時能夠起而行。校長變革領導要慎選具專業能力、責任感高、願意努力付出的組織成員，成為變革核心團隊。

三 形塑共同願景

學校共同願景是學校組織的教育目標，校長變革領導的實踐行為，就需要整合組織成員與學校目標，形成學校組織團隊的共同目標，建立一致

性的願景，使團隊保持高競爭力，以提升學校整體績效。

四 溝通變革願景

校長可運用各項口號、用詞、故事或符號，具體化大家的意願，形成有形的文字宣言，明確加以表達，並經由學校的儀典、會議等管道，傳達願景給予學校教師。

五 賦權增能

現代組織中的成員都是組織變革成功的關鍵者，不論是由上而下或由下而上，組織變革的工作要靠團隊的系統思考。意即校長應知人善用，將權力適度授權給主任及教師，不但要信任成員，也要讓教師有參與學校及教學革新的機會，可以有更多的專業自主權，教師才會願意參與改革。

六 產生變革勝利成效

變革過程中會帶來不安定與衝突，校長可透過自我評鑑機制，了解組織變革進步的成果，讓成員能理解變革成效，使團隊保持高度自信心與競爭力。

七 績效評估與擴大成效

資源的充分取得與有效使用，關係到組織效能的表現，身為領導者應結合組織內外部的各種資源，方能促進組織的運作更順暢。校長可透過績效評估及獎勵績效制度，讓教師有充分的資源可以使用，進而擴大成果，提高組織變革的效能。

八 深植組織文化與制度

　　組織變革最終的目標就是為了形塑組織的優良文化，學校組織文化是一種行為規範與共同價值，校長必須經由組織變革的歷程，凝聚組織變革向心力，將組織變革制度化，深植於學校組織文化。

　　綜合來說，顯見上述前四個步驟，校長身為領導者，需要有耐心的與成員溝通，協助成員真正理解學校組織目前遭遇的困境，以及為何要採取變革的原因，才能順利進行變革。因此，上述步驟背後代表最核心的困難之處，在於如何改變「人的行為」，而不在於制度或策略，亦可言之，「藉由溝通來理解與滿足人性」，方為順利推動變革之道。

　　值得一提的是，當代組織變革大師Kotter，他除了認為變革的基本信念在於「改變人為的行為」之外，其主張的變革基調是「目睹—感受—改變」（see-feel-change），而非「分析—想法—改變」（analysis-think-change）（黃賀，2009）。此主張也表示，領導者應該先讓成員目睹變革的危機與原因，讓大家共同感受變革的重要性及價值性，或是減少改革的負面感受，才能產生變革的動力。

第五節　學校組織變革的原則與歷程

　　達爾文曾說：「適者生存」，為了適應現在的社會環境，領導者必須找出最有效的策略，以解決組織的種種問題。綜合變革領導者的特質、學校組織變革的層面、面對抗拒變革的因應方式，以及組織變革的階段，提出學校推動組織變革，應包括基本的核心概念，也就是「情感建立、理念凝聚、價值整合」，從這三個概念，可以進一步提出具體的原則及歷程，闡述如下：

一 建立學校成員危機意識，塑造經營共識

建立組織成員的「危機意識」是校長變革領導的首要條件，校長自己必須具備危機意識，並營造所有成員危機的共識，以更積極、更正面的態度來面對挑戰，結合家長與社區的資源和力量，方可維持學校的競爭優勢。例如：在附近學校都增班的情形下，卻只有自己學校減班，校長即可在校務會議公開減班超額的數據，並擬定超額教師的草案，讓全校教師清楚目睹現階段所遭遇的困境。

二 強化學校教師連結、擴大教師參與管道

進行變革會影響成員的情緒勞務，包含年資、職務、心血、時間等等。校長要推動變革，先要建立教師與學校組織之夥伴關係，讓教師對校務有更多參與的機會，對課程及教學有決定權，強化教師對學校的認同感，對學校教育目標會更支持。例如：在面對減班超額的困境之下，校長需邀請教師參與討論，思考是否來自於學生常規或課程教學等問題，尋找核心的內在危機，建立團體的意識感。

三 塑造學校發展願景，引導成員努力方向

校長要建立願景，善用不同的言語、符號傳達與溝通學校的願景，除了由上而下模式溝通外，由下而上的路徑更是不可或缺，教師共同討論實施計畫與各項教育活動。例如：校長在跟老師討論之後，發現學生的常規與學習自信是核心問題之一，所以校長即透過「養樂多」的專業語言，加以詮釋今年的目標，包括「培養學生的品德、樂於學習的環境、多元智能的發展」，同時也爭取雙語師資的資源，擴展學生學習的不同可能性。

四 溝通發展願景，讓成員理解變革的原因

願景的溝通，主要的目標在擴大及確保彼此發展的學校願景，例如：校長傳達「養樂多」的願景，重點在於學生品德、學習環境與多元智能，可以讓老師理解良好的常規絕對是有效教學的基礎，因此教師正向管教、學生品德教育，都是需要教師一步一步的努力，屬於一種值得投入的潛在課程。

五 採取增權賦能領導，提升績效責任意識

在變革過程中，對成員的授權增能，乃是身為組織變革領導者的重要任務。校長要信任成員，讓成員參與計畫的決定，與成員一起關注和解決問題，藉由各種方式提升成員的能力，並增進教師的績效責任意識。例如：校長可與老師們一起討論如何培養學生常規的方案，包括教師節活動、案例宣導、雙語標語、融入課程教學、擬定品德核心項目、融合學校吉祥物等。

六 擬定短期明確目標，引導成員感受價值

在長期變革的過程，領導者應該善用SMART原則激發成員的士氣，也就是由「有明確的」（specific）、「可測量的」（measurable）、「可達成的」（achievable）、「實際的」（realistic）及「時間性」（time-related），作為目標設定的原則。例如：先設定全班學生遲交聯絡簿比率的下降，或者是學生願意表達感謝的態度，此時即可運用教師節，引導學生製作線上感謝卡，再利用班級系統播放，讓教師感受到努力的價值，以營造校園文化。

七 建立組織永續制度，營造校園整體文化

組織變革的最終目標，應該在於希望可以同時提升組織的效能及達到個人的目標，所以透過制度的建立及文化的營造，是重要的途徑。例如：可以透過活動的規劃，依照辦理的成效，建立學生常規性的活動，包括敬師節與敬師語的設計、學生品德話劇或說故事比賽、童軍露營活動等，讓制度永續化，即有機會深化為學校的信念價值與基本假定，同時也讓教師感受有效教學與正向管教的價值。

上述學校組織變革的原則與過程，一方面符應先從成員的想法開始溝通，透過願景的共享、原因的價值，到增權賦能。另一方面，也讓教師從目睹危機開始，到感受變革的價值，進而願意改變、落實正向管教的行為，這無疑就是一種教師正向管教，影響到學生正向學習的變革路徑。

參考文獻

吳昌期（2005）。**國民小學校長變革領導、組織學習與組織文化關係之研究**（未出版之博士論文）。國立臺北教育大學。

吳清山（1998）。**學校效能研究**。五南。

吳清山（2001）。**教育發展研究**。元照。

吳清山、林天祐（2003）。**教育小辭書**。五南。

林明地（2002）。**校長學—工作分析與角色研究取向**。五南。

林淑貞（2004）。**組織變革中國民小學校長變革領導行為之研究—以中部四縣市為例**（未出版之碩士論文）。國立臺中師範學院。

林麗冠（2006）。變革領導者特性與變革績效之研究—以金控HILL公司為例（未出版之碩士論文）。東吳大學。

孫本初（2001）。**公共管理**。智勝。

徐聯恩（1998）。企業變革架構。**中華管理評論，1**(1)，1-7。

秦夢群（1998）。**教育行政—理論部分**。五南。

秦夢群（2003）。由組織興革觀點談活化組織的策略。**教師天地，123**，17-
22。

張文權、范熾文（2022）。成為新教師：VUCA時代的教師協作挑戰與策進
作為。**教育研究月刊，333**，40-54。

張明輝（1998）。學校改革的研究與學理基礎。**教育研究集刊，40**，1-22。

張明輝（1999）。企業組織的革新對學校組織再造的啟示。**教師天地，98**，
10-16。

張德銳（1996）。美國教育改革中的重建學校運動。載於黃政傑（主編），
各國教育改革動向（頁47-76）。師大書苑。

陳木金（1999）。學校組織變革壓力與抗力對學校行政之啟示。**學校行政，
2**，14-27。

黃賀（2009）。**組織行為：影響力的形成與發揮**。前程。

廖春文（2004）。學校組織變革發展整合模式之探討。**教育政策論壇，
7(2)**，131-166。

潘慧玲、洪瑞璇（2022）。社會資本與學校變革的相互促動：學習共同體的
實踐分析。**教育研究集刊，68(2)**，1-37。

謝文全（1989）。**教育行政：理論與實務**。文景。

謝文全（2000）。**學校行政**。五南。

謝文豪（2004）。學校變革領導。**教育研究月刊，119**，66-79。

Daft, R. L. (1999). *Leadership: Theory and practice*. Harcourt Brace & Company.

Forsyth, D. R. (1999). *Group dynamic* .Wadsworth.

Fullan, M. (2004). *Leading in a culture of change*. Jossey-Bass.

Hodge, B. J., & Johnson, H. J. (1970). *Management and Organizational Behavior-
A Multi dimensional Approach*. John Wiley & Sons.

Kotter, P. (1990). *A force for change: How leadership differs from management*.
The Free Press.

Kotter, J. P. & Cohen, D. S. (2002). *The heart of change: Real-life stories of how
people change their organizations*. Harvard Business Press.

Owens, R. G. (1998). *Organizational behavior in education*. Allyn & Bacon.

Yukl, G. (2002). *Leadership in organization*. Prentice-Hall.

案例討論

　　「Good國中」位居市區，屬於某一縣市的優質學校，學生人數在少子化的現今，依然不減，可見教師專業的投入與學生在課業上的表現，深深獲得家長與社區的青睞與肯定。但是教師人數眾多，也代表容易產生不同的聲音，特別就學校行政單位的求好心切，更容易與教師的觀點有所衝突……

(一) 序曲：代理教師全面參與共備觀議課？

　　面對108學年度新課程改革的要求，教育局處希望各校可以提高教師參與共備觀議課的比例，教務主任在面對此壓力下，靈機一動，在某一天臨時要求教學組長集合全校的代理教師來開會，要求必須全面參與共備觀議課，教學組長雖然面對突如其來的行政命令，認為有些倉促，但面對教務主任堅定的口吻，也只能照辦行事……

(二) 二部曲：代理教師心中的壓力與不滿！

　　代理教師身為學校的一分子，但是在工作待遇與條件上卻與正式教師有所差異，所以代理教師為了下一學年度的工作，大多配合學校行事，但是這一個突如其來的行政要求，沒有明確的制度規範，共備的夥伴對於新進代理教師也不好尋找，甚至有的老師認為這是否為清算我的手段等，這些都讓許多老師敢怒不敢言或焦慮不安，甚至有的老師還因此落淚。就在有一天的下午，教師會理事長與老師在閒聊之際，聽到代理教師遭遇到教務處的片面要求，認為代理教師身為會員，自然有其代為行使發言的權利，於是就在理監事會議中提案討論，與會的老師都認為代理教師雖然有其配合學校的義務，但應由教務處在教師甄試口試時，就先與代理教師達成共識，如果片面的長期不合理要求，可能形成行政霸凌的現象。

(三) 三部曲：教師會與教務處的意見磨合！

　　教師會在完成理監事的會議紀錄後，理事長考量教務主任的情面，先委由校內資深且與教務主任較為友好的老師出面協調，表示教

師會支持學校的立場，但應讓代理教師有準備的時間，而且也應該先一起討論，形成共識。但教務主任卻以人事法規爲由，認爲代理教師應該要有配合的義務，同時教務主任也先與家長會討論，並獲得支持，家長會長也表達想要參與共備觀議課的意願，看似這件事情愈來愈複雜，當下也就不歡而散。

(四) **終曲：可否期望共創雙贏的互動模式？**

在教務處與教師會沒有共識的情形下，教學組長身爲教師會的理事，也協助處理這一件事情，教學組長即建議主任，教師會理事長既然有教學輔導教師的資格，要不要誠心的邀請教師會也成立教師專業發展社群，給予經費的支持以及行政上的支持，甚至於代理教師在參與共備觀議課後也可以發予證明，以正向的角度，肯定他們的主動專業表現，教務主任或許可以考慮順水推舟，在教學組的居間協調下，「Good國中」是否就可以尋求教師與學校行政彼此之間的雙贏局面，共創Good校園呢？

資料來源：張文權、盧家潔、劉家君、廖國文、姚清元（2019）。國中教師共備觀議課困境與策略之案例分析。**學校行政**，**121**，141-156。

┌───
│ 討論問題

1. 請問案例中學校產生組織抗拒變革的原因為何？
2. 請問案例中採用哪一些組織變革的實施原則？如果你是教務主任，還會運用哪一些實施原則？

考古題

1. 變革（reform）是進步與發展的歷程，請從「組織」（organization）的觀點，闡論學校教育變革的途徑與方法。（99年特考）

2. 試分析當前教育變革的趨向，釐出教學理論與研究應關注的焦點，並指出教室層級教學實務上可強化的方向。（106年師大教育博士班資格考題）

3. 數位時代來臨衝擊到學校教育的變革，請說明學校在行政及教學上如何因應數位轉型發展需求上的做法與策略？（111年彰化國小校長甄試試題）

4. 學校教育變革的R-D-D-A模式分為研究（Research）、發展（Development）、傳播（Diffusion）、採用（Adoption）」四個階段，某國教育部進行課程綱要的修訂，「利用多元管道說明課程綱要修訂的原因與經過」，這屬於R-D-D-A模式的哪一個階段？（111年教師檢定）

GPT輔助自主學習的關鍵提問

・全校準備推行一種新的課程，但部分師生不太接受，請你以學校行政承辦人的角色，詢問GPT軟體平台，有關各種化解變革阻礙的方法，然後與同學討論GPT的回覆，是否符合組織變革的原則，以及實際的可行性。

【學習概念：問題解決】

第六章

教育行政溝通

張文權

　　溝通是連接組織人員運作與互動的重要樞紐，在教育行政組織的實際運作當中，屬於相當實務性的議題。本章共列為五節加以說明，第一節為教育行政溝通的重要；第二節是教育行政溝通的意涵與類型；第三節說明教育行政溝通的阻礙；第四節論述教育行政溝通的促進；第五節介紹教育行政溝通促進的當代議題。

第一節 教育行政溝通的重要

　　溝通（communication）可以泛指為一種人與人之間訊息的交換、交流與互動，對於人類生活是一種密切相關，但是卻容易忽略的概念。舉凡如以家庭中父親的角色，與家人之間的溝通關係是否良好，也絕對會影響到家庭生活的品質；如以學校同事的角色，如何與同事進行優質的課程協作與教學創新，人際溝通也同樣扮演重要的地位；再以班級導師的角色，暢通的親師生溝通，更是影響班級經營品質的關鍵；最後另以學校校長的角色，如何做好同事、家長、學生、社會各界之間的溝通，亦可稱為校務經營的基礎。上述不同例子當中，可以顯然發現，溝通在不同角色的重要性。另就相關學者也指出，組織目標猶如人體靈魂，組織人員如同人體的骨頭，而組織溝通即如同於人體的血液（黃昆輝，1988），依據這一個觀點，也可以理解到溝通就是一種串連組織人員的媒介，可以幫助組織達成目標，Simon（1997）也明白指出，「沒有溝通，就沒有組織」。承上所述，歸納教育行政溝通的重要性，至少有下列幾點核心內涵，分述如下：

一 有助於組織目標的達成

　　一般而言，組織重視其目標的追求，應該比如何運用資源更為重要（吳清山，2002），所以目標可以說是引導組織發展的方向，而透過溝通可以幫助成員之間持續溝通不同的作為，以確保組織目標的達成。例如：在跨領域課程協作之初，學生學習的目標就是討論的焦點，而在課程實踐的過程中，面對學生學習遇到的困境點，教師就需要不停的共備溝通，尋求最佳的教學策略。

二　有益於組織文化的營造

組織文化具備一種具有潛移默化的功能，對於組織人員的行為會有長期的影響性，同時也屬於一種組織成員共同擁有的觀念以及共享的意義（Robbins, 1998）。可見組織文化對於組織成效亦屬重要影響因素，而藉由多元的溝通管道將有益於營造優質的組織文化，例如：主任在營造正向的處室工作氣氛之中，除了自己需抱持正向的態度之外，也應該多給予鼓勵、溫暖的語言。

三　有利於組織領導的落實

事實上，領導本身即為一種影響力得以發揮的行政作為，一方面要有倡導功能；一方面協助達成組織目標的行動（吳清基，1990）。由此可知，在倡導的過程需要溝通協調的作為，方能有效發揮領導的影響力。具體來說，學校校長在課程領導的實踐歷程當中，即需不停與教師溝通討論學生學習的需求性，歷經多次的溝通互動，才能依據核心素養，逐漸形成學校整體的課程發展願景。

四　有別於情緒勞務的累積

所謂的情緒勞務一詞，係指員工因為工作而與他人互動時，為了適當地表達該有的情感規則，而所付出的心力（沈碩彬、黃文三，2017）。可見高度情緒勞務的累積，會讓組織成員的工作效率與效能都受到影響，而如果可以藉由正式或非正式的溝通管道，將可以減少負面情緒勞務的累積，例如：一致、公開、友善的正式溝通管道，或者是鼓勵成員一起聊天、表達對問題的觀點，傾吐心裡面的感覺等非正式溝通管道。

第二節 教育行政溝通的意涵與類型

　　首先就以溝通的意涵來說，不同學者均有多元的論述，就其字源來說，溝通（communication）一詞源自於拉丁文「communis」所蛻變而來，含有「分享」或「建立相同看法」的意思（黃昆輝，1988），吳清山（2004）則認為溝通可以視為個人或團體表達情感、意見、訊息或事實到不同的個人或團體，能夠相互了解的歷程。而鄭彩鳳（2008）將溝通視為個人或團體透過相關的媒介，將訊息、情感彼此傳遞的過程，其作用在於建立共識以及促進彼此了解。另外，張民杰（2021）劃分溝通分別包括發送訊息者、訊息內容、發送管道與媒介、接收訊息者、所處環境等五個需要同時考量的要素。在國外觀點方面，Sisk（1969）指出，溝通就是一種向他人傳達意思的廣泛意義，包含了傳遞和意義，傳遞並不侷限於口語或書面形式的使用，而意義也包括了事實或態度感覺的訊息，Hoy與Miskel（2008）主張，溝通的定義係指在兩個人以上有意義的互動歷程之中，相互傳達清楚或隱藏的觀念。

　　綜合上述，如以溝通的共同本質加以分析，不難分析隱含「資訊發送者與接收者、多元管道媒介、不同資訊內容，以及促進相互理解與建立共識」的要素。簡要來說，溝通可以說是一種「資訊發送者與接收者之間，藉由多元的管道或媒介，來傳遞事實或態度感覺等訊息，加以達成共識或增進彼此理解」。而教育行政溝通亦可稱為「教育組織內的團體或個人，為了達到發展共識或促進相互理解，運用不同的管道、媒介，加以傳遞分享對於教育行政相關的事實、態度、感覺等不同訊息的過程」。茲就其定義的內涵，分述如下：

一、溝通的人員：在溝通的過程中，應該包括了資訊的發送者以及資訊的接收者，這不但可能是個人，也可能是團體，同時也不只是個人與個人之間的溝通，也包括了個人與團體之間，或者是團體與團體之間的溝通。

二、溝通的媒介：溝通的本質包含了分享的意涵，因此一定需要多元的管

道或媒介，包括語言、文字、行為、圖像、聲音等皆屬於多元的媒
介。例如：在教育行政組織溝通當中，面對學校家長或利害關係人的
溝通，如果可以善用適切的母語溝通，可能有助於降低衝突事件的嚴
重性。

三、溝通的內容：溝通的內容並不只有限制於顯性的部分，包括文字、規
定、法令等，也可能涵蓋了觀念、態度、情感等各方面，因此只要
是任何可能有意義性的符號，或想要傳遞的概念，都可以屬於溝通的
內容。

四、溝通的目的：溝通從資訊發送者到接收者之後，就會被接受並予以解
釋。如果溝通的內容未被誤解，即屬於成功的溝通；相對來說，如果
溝通內容有所曲解，則屬於錯誤的溝通。簡單來說，溝通的目標就在
於協助彼此的認識、理解，或者是建立共同的看法、共識。

　　循此而言，溝通涉及的因素具有多元性，涵蓋不同的人員、媒介、內
容與目的，而在不同的因素交織之下，也具有不同的類型，分別闡述如下
（周崇儒，2003；謝文全，2005）：

一、按照溝通的方向區分：以溝通的方向來做區隔，可以包含上行溝通、
下行溝通以及平行溝通等不同模式。上行溝通就是指由基層的部屬向
長官溝通的模式；而下行溝通，也就是指高層長官對部屬傳達資訊的
溝通模式；平行溝通，泛指同一階層同仁彼此的溝通。

二、按照溝通的媒介區分：依照不同的媒介，包含言語溝通、書面溝通、
肢體語言溝通，以及資訊網路的溝通。首先就言語的溝通，係指透過
面對面的電話連絡，或者是口語上的溝通，具有快速的優勢；書面溝
通，也就是指根據文書、公告、手冊等方式加以溝通，其優點在於具
體、明確、有證據力；而肢體語言溝通，強調是藉由非語言的訊息溝
通，包含手勢、神情、音調等，具有輔助語言溝通的優點；最後為資
訊網路的溝通，例如：運用電子郵件、網站公告、通訊軟體等方式為
溝通橋梁，在後疫情時代，資訊網路的溝通，顯然已經成為促進組織
溝通的重要管道。

三、按照溝通的形式區分：憑藉不同的形式分類，可以分為正式和非正式
的溝通。所謂正式的溝通，即為強調有法律依據、或是依照科層體制

中的職位角色來進行溝通，亦可稱為在正式組織的結構之下，所進行的溝通活動，例如：會議、公文、簽呈、書函通知等。此外，非正式溝通一詞，著重於經由非正式的管道進行接觸，進而所發展出的人際溝通，比較不會受到組織地位或權力結構的影響。

 第三節 教育行政溝通的阻礙

如果想要達到溝通的目標，並在教育行政組織當中透過溝通來建立共識，就需要先探究可能形成教育行政溝通的阻礙有哪些層面，再進一步依據阻礙的內涵構思因應的方法，綜合相關文獻（王淑俐，2005；黃賀，2009；鄭彩鳳，2008；Hoy & MisKel, 1991），提出有關教育行政溝通可能面臨的不同阻礙，可概分為個人、團體以及組織層面，說明如下：

一 個人方面

(一) 刻板印象

每一個組織成員都有其不同成長背景、文化價值觀，因此自然而然有可能對於性別、族群、膚色、年齡，或者是宗教信仰產生許多的偏見，這一些偏見就會成為刻板印象，進而導致我們在溝通時形成一種先入為主的觀念，轉變為溝通的阻礙。

(二) 情緒關係

在人際關係的互動溝通當中，往往需先關注自我的情緒狀態才能進行有效的溝通，如果自己未能保持平穩的情緒，容易誤解彼此溝通的訊息，更進一步轉變為衝突的情境。事實上，許多校園成員之間衝突事件的發生，往往都是自我情緒失衡所形成的結果。

㈢ 自大心態

不管是在上對下或是下對上的溝通過程，每一位組織成員都容易陷入自我中心主義，認為只有自己的意見才是正確。換句話說，同理心的不足是普遍存在於教育行政溝通阻礙要素之一。

二 團體方面

㈠ 訊息障礙

在人際溝通時，訊息本身的特質也有可能形成阻礙，例如：在疫情期間，因應隨時滾動的教育防疫政策，學校教師容易形成資訊超載的現象，而校園防疫長身為學校重要承辦人，更需時時掌握最新的防疫規定，否則將會在校園防疫溝通當中，產生雞同鴨講的窘境。

㈡ 管道障礙

現今教育行政組織隨著資訊超載以及資訊科技的發達，除了傳統的面對面溝通、電話溝通之外，還新增許多通訊軟體的溝通模式，但是在時間壓力、資訊超量等下，往往依據圖像傳遞、言語訊息傳遞，也容易形成溝通的誤會。

㈢ 語言障礙

在文明的發展之外，不但是不同族群有多元的母語，就不同區域亦有不同的文化存在，而往往年齡的差異、文化背景以及教育程度，也會形成影響語言溝通上的不同阻礙，除此之外，如果肢體語言與非肢體語言產生不一致的情形，也容易形成溝通的障礙。

三 組織方面

㈠ 媒介物障礙

媒介物係指在溝通時的媒介，包括口語、非口語等，例如：在重要事情的溝通，如以口語溝通可能陷入口說無憑的困境，也有可能產生不同媒

介物相互干擾的情形，例如：主管在頒獎時卻表情嚴肅或面露不悅，也有可能產生媒介物過多，例如：請託他人轉達訊息，但往往經由第三者、第四者的轉述後，而使原本的意義遭誤解。

(二) 地位的障礙

因為溝通雙方地位的差距，而導致溝通的障礙，例如：往往部屬在多說多錯、不說不錯的概念下，不願意多表達意見；甚至有的部屬擔心受到責備而報喜不報憂，掩蓋真實的情形；或者有的主管會有堅持己見的習慣，不願意接受成員的建議，只期望一切聽命行事即可，不需多言。

(三) 結構的障礙

在組織結構當中，有可能遇到規模過大，形成地理位置的分散，不容易進行面對面的直接溝通，例如：有的組織可能因為組織層級過於垂直，往往在意見往上表達或下達指令的過程中，溝通的效率降低或是意見遭到誤解；甚至於有的組織因為人數過多，多侷限於處室內的溝通，而容易陷入本位主義，造成不同處室或科室的橫向溝通極為不易。

第四節　教育行政溝通的促進

教育行政溝通的過程固然會遭遇許多不同的困境阻礙，而運用不同的方法加以化解，即為促進有效溝通的重要關鍵，綜合相關文獻（王淑俐，2005；黃昆輝，1988；葉興華，2010；鄭彩鳳，2008；Robbins & Decenzo, 2001; Sergiovanni, 1995），提出歸類為個人、團體與組織等三個層面的促進策略，分述如下：

■ 一 個人方面

(一) 具備傾聽的技巧

主動傾聽可以說是有效溝通的基本要件，一個懂得專心傾聽的主管，

不但可以獲取組織成員真正想要傳達的資訊，也可以讓同儕得到尊重的感覺。葉興華（2010）即強調，溝通理論中，雙方都應抱持主動積極態度，但實際而言，並非所有人對於溝通行為都有正確認識。而如何有效的傾聽，一般來說，包括了幾點面向：1.對方在講話時，自己要專心聆聽，不要分心在別的主題上，同時更不要妄加推論對方的結論。2.不要依據自己先入為主的經驗或觀點，來判斷對方表達的重要資訊。3.雙方溝通時，不要受到外界的干擾，例如：電話、音樂等。4.可以適切的重複或摘錄對方的重要資訊，避免溝通訊息的誤解。5.同時關注語言與非語言的訊息，留意混淆不清楚的資訊。

㈡ 善用肢體語言訊息

所謂肢體語言的訊息，也可以稱為「非語言的訊息」，係指在溝通過程，自己所表達出的神情、語氣、動作、態度等，可以有助於輔助或替代語言的訊息。原則上，溝通一項訊息的情緒效果 = 言辭7% + 聲音38% + 臉部表情55%（鄭彩鳳，2008），可以見得在有效溝通的過程，臉部表達具有重要的影響力。換句話說，教育行政人員如果想要達到有效溝通的目標，應該注意誠懇的態度、眼神看著對方、專心傾聽、尊重的儀態等。

㈢ 不要預設一次解決

溝通應該屬於一種連續性的過程，特別以複雜、困難或是爭議性高的問題更是如此，不要因為一次溝通遇到挫折、困境，就直接放棄，應保持正面的成長心態，透過一次一次的溝通，其實是了解彼此看法很好的機會。此外，溝通除了會受到個人層面影響，也有可能會受到許多不同層面的衝擊，例如：在校園防疫期間的政策滾動性非常高，也有可能原本溝通完成的防疫作為，再受到立即性的政策影響，而必須不斷地溝通與調整。

■二 團體方面

㈠ 培養信任的關係

信任感的建立絕對可以稱為個體與個體之間溝通的重要基礎，透過彼此的信任感，不但可以化解彼此的誤會，也可以提升溝通的效率。然而，

信任感的建立並非一蹴可幾，也是需要長時間的培養，而身為教育行政組織的領導者，平日即需要留意組織信任感的建立，包括言行一致的行為、尊重彼此的態度、公開透明的機制、共同參與的原則、專業知能的發揮、良好品德的倫理、獎勵與肯定的思維等，都是促進信任關係的實際作法。

㈡ 利害關係人參與

在進行任何問題的溝通開始之前，需先思考有關這個問題的利害關係人包含哪一些對象，透過邀請利害關係人一起來參與，一方面可以真實的理解，並溝通所需要解決的核心問題；另一方面也可以集思廣益，找到更有效解決問題的方案。值得一提的是，在教育行政政策落實的過程，如能先與利害關係人、意見領袖先進行溝通且尋求共識，更有益於後續政策推動的持續性，因為後續政策落實時，就有可能會有人願意主動的認同並解釋政策的脈絡。

㈢ 尋求雙贏的思維

溝通的目標在於建立共識，要有所共識就是需要兼顧發訊者、收訊者的利益。對於發訊者來說，如以同理心作為溝通前提，有助於設身處地感受對方的立場，可以獲得較為理想的結果。而對於收訊者而言，也可以獲得受到尊重的感受。實務上，溝通應該是一種共同追求彼此利益的過程，往往除了考量資源、政策、法令等要素之外，以「人性」為考量，應該是有效溝通的重要原則之一。

■二 組織方面

㈠ 溝通情境的適宜性

如果想要有效的溝通，掌握溝通的時機或環境也是一個需要考量的要素。例如：就掌握溝通的時機來說，應該避免成員或主管心情不穩定的時間，討論過去即相當敏感的議題，在溝通的時間上，對於重要的議題，應抱持「事緩則圓」的立場，給予雙方充分的時間意見交換與思考，就溝通的環境上，應該要留意場所的空間大小、是否通風、光線是否明亮、聲音

是否干擾，甚至於座位的安排也往往充滿許多細節，譬如在高關懷學生個案會議中，輔導教師如欲表達對個案家長的關心與同理，即不宜有太遠的座位距離。

㈡ 事實澄清防止謠言

謠言雖然止於智者，但是在教育行政組織當中，隨著網路化的時代，謠言傳播所帶來的負面影響不可以輕忽，然而想要在源頭上制止組織謠言的產生，並非一件容易的事情，但是適時的建立順暢溝通管道，並提供簡明易懂的事實資訊，無疑是面對謠言的根本之道。從正面的角度看待，往往謠言的產生也可能是該政策推動仍有諸多盲點尚待澄清，經由謠言的澄清也可以幫助組織成員更清楚了解事實的真相。此外，在當代資訊快速流動的社會，把握即時性、簡明性、主題性、圖像性等事實呈現的元素，應該都是重要的事實澄清原則。

㈢ 重視溝通回饋反思

溝通除了人與人之間、團體與團體之間，或者是人與團體之間的溝通，新時代的溝通也該著重於人或組織自我的反思溝通。以人的反思溝通來說，在每一次的溝通結束之後，應該都要反思學習失敗或成功的地方，例如：溝通的適切態度、溝通對象的不同特性、溝通的時機掌握、溝通環境的選擇等；而就組織觀點，也可以聚焦於制度、文化、資訊、人員等面向，例如：反思溝通制度的建立是否適當，溝通的管道是否通暢，溝通的媒介工具是否多元，以及溝通所需的專業訓練，電話溝通的禮節等議題。

第五節　教育行政溝通促進的當代議題

除了傳統個人、團體與組織面向的溝通促進方法之外，面對資訊化、民主化、多元化、複雜化、全球化等教育行政組織環境，如何運用非正式溝通以及走動式管理，應該可以歸類為促進教育行政組織溝通的當代重要議題。分述如下：

一 非正式溝通相關概念

隨著時代的演變，現今教育行政領域也開始關注非典型的概念與潛藏的現象，陳成宏（2022）就強調，許多非典型的現象，雖然較為罕見或未曾公開談論，但卻是隨時隨地存在於教育行政領域，時時刻刻發生於學校的組織現場。可想而知，非正式溝通即為因應許多教育行政非典型或潛藏現象的重要途徑。所謂非正式溝通，其實就類似一種小道消息的概念，雖非在正式的管道公告，但卻又繪聲繪影的說出許多組織的資訊，同時也存在情感聯誼、人際關係、警訊預告的正向效果，以及組織猜忌、相互放話攻擊等負面影響。張文權等（2018）研究也發現，學校組織文化具有隱性特質，對於校園行政霸凌的行為也會有所影響。

承上述，國外則興起以葡萄藤（grapevine）溝通來代表非正式溝通的現象，所謂的葡萄藤溝通可以泛指謠言和八卦，屬於組織不可或缺的一部分，如果一個通道被阻止，它會自行建立一個新通道（Banerjee & Singh, 2015）。此外，葡萄藤溝通大致可以分為一些類型，包括：1.單線式溝通：一個人傳給一個人；2.長舌式：一個人告訴所有的人；3.隨時式：每個人隨機地告訴其他人；4.串聯式：某些人告訴某些特定的人，這是最為常見與典型的現象（黃賀，2009）。

身處教育行政組織當中，如果要扮演成功的領導者角色，如何借力使力，運用非正式溝通來促進組織運作，則是新時代領導者必須面對的挑戰。李元墩（1999）指出，大部分組織溝通的研究皆以「正式溝通」為焦點，而忽略了「非正式溝通」的功能，愈來愈多溝通乃透過非正式管道，均扮演著重要訊息傳播之角色與功能。原則上，善用非正式溝通可以包括幾種方式：1.探尋非正式組織的意見領袖，先蒐集非正式管道的重要資訊，以利正式決策順利推展；2.藉由非正式溝通先發出風向球，進一步了解組織成員的觀點與喜惡，也可以作為正式決策的參考；3.秉持正向思維，將非正式溝通所傳遞的訊息，視為資訊蒐集的重要途徑；4.運用非正式溝通讓成員先理解正式決策的內涵，讓成員有心理準備，避免正式政策宣布時的拒絕與衝突。

二 走動式管理的實踐

在當代教育行政組織當中，如何建立有溫度的溝通來促進組織效能，運用走動式管理（management by walking around; MBWA），應該是一個可行的實踐策略。事實上，走動性管理也屬一種溝通策略，強調管理者應該走出辦公室，強化組織領導者、組織成員以及利害關係者三方面之間的溝通聯繫，依此強化成員的積極態度，也可以減少溝通的障礙（黃賀，2009；Shraah et al., 2013）。

走動式管理的模式，在教育行政組織，包含了下列幾種價值：1.可以有利於創造自然溝通的環境，當今許多組織或公司為了強化創意與靈活度，非常重視無拘無束的溝通模式。2.可以充分蒐集組織成員的心聲與需求，並促進成員與主管面對面的溝通，領導者可以藉此蒐集言語及非語言的訊息，了解最真實的資訊。3.可以有益於方案的執行，在方案推動的過程當中，運用走動式管理了解第一線成員的困境與現況，可以即時回應現場的問題，與成員共同集思廣益，也讓成員感受到主管的支持力量，更有助於方案的落實推動。

最後，就走動式管理的實施原則，如以主管的角色，則可以列為幾個實踐的面向：1.多觀察：主管應該常到第一線現場，去觀察組織成員的實施困難與心聲。2.多傾聽：傾聽是溝通的重要條件，主管藉由親自的互動接觸，多了解組織成員內心的聲音，以及心理需求。3.多詢問：面對不同階級的地位差異，往往讓成員有表達的壓力，有困難也不敢有所表達，所以主管應該可以主動的詢問成員，了解不同的想法，同時也可以提升工作滿意度。4.多思考：面對第一線所遇到的不同困境、成功因素、互動情形等現象，組織領導者應該多思考，如何進行不同的管理策略，來加以延續成功或突破困境。5.多感受：成功的組織經營應重視人性需求與正向文化，所以在走動式管理的第一線接觸過程，主管應用心來感受藉由不同來源所蒐集到的資訊，包括稱謂、生日、節慶、獎勵、故事等元素，進而建立正向的溝通氣氛。

參考文獻

王淑俐（2005）。**溝通，其實不簡單：教育及學校行政溝通的理論與實踐**。五南。

吳清山（2002）。**學校效能研究**。五南。

吳清山（2004）。**學校行政**。心理。

吳清基（1990）。**教育與行政**。師大書苑。

李元墩（1999）。組織溝通研究之回顧與展望。**中華管理評論，2**(5)，121-131。

沈碩彬、黃文三（2017）。高中職教師情緒勞務與學校生活適應之關聯模式探析。**教育理論與實踐學刊，36**，47-74。

周崇儒（2003）。教育行政溝通。載於林天祐（主編）。**教育行政學**（頁217-250）。心理。

張文權、陳成宏、范熾文（2018）。學校行政人員霸凌行為概念模式與影響因素之研究。**教育行政與評鑑學刊，23**，47-84。

張民杰（2021）。**班級經營：學說與案例應用**。五南。

陳成宏（2022）。**教育行政新視角：非典型概念與潛藏現象**。高等教育。

黃昆輝（1988）。**教育行政學**。東華書局。

黃賀（2009）。**組織行為：影響力的形成與發揮**。前程文化。

葉興華（2010）。親師溝通的藝術。載於黃政傑（主編），**教學藝術**（頁603-623）。五南。

鄭彩鳳（2008）。**學校行政研究—理論與實務**。麗文。

謝文全（2005）。**教育行政學**。高等。

Banerjee, P., & Singh, S. (2015). Managers' perspectives on the effects of online grapevine communication: A qualitative inquiry. *The Qualitative Report 2015, 20*(6), 765-779.

Hoy, W. K., & MisKel, C. G. (1991). *Educational administration: Theory, research, and practice.* McGraw-Hill.

Hoy, W. K., & Miskel, C. G. (2008). *Educational administration: Theory, research, and practice.* McGraw-Hill.

Robbins, S. P. (1998). *Organization behavior.* Prentice-Hall.

Robbins, S. P., & Decenzo, D. A. (2001). *Fundamentals of management.* Prentice-Hall.

Sergiovanni, T. J. (1995). *The principal: A reflective practice erspective.* Allyn and Bacon.

Shraah, A. A., Rumman, M. A. A., & Abuhamour, H. (2013). Practicing anagement "By walking around" and its impact on the organizational commitment in the Jordanian hospitals. *Journal of Management Research, 5*(1), 64-79.

Simon, H. A. (1997). *Administrative behavior.* The Free Press.

Sisk, H. L. (1969). *Principles of management.* South-Western.

案例討論

轉學生的問題

　　學期中，Happy國小二年級連續轉來了兩個學生，學校依轉學流程，將學生分別安排至甲、乙兩班。轉入乙班的學生，進入教室時，乙老師正在處理學生間所發生的問題，先請他坐在空位上，後來上課了，乙老師覺得轉學生聽不太懂老師所說的事情，反應很慢。

　　下課時和甲班老師討論了起來，甲老師認為轉入自己班的學生，似乎學習狀況還不錯，也很容易和其他同學打成一片。乙老師聽了就開始比較兩個學生的差異，而偏偏乙班本來就有幾個特殊學生，於是乙班老師埋怨行政單位，覺得這樣的結果，對她是不公平的，但是之前已經因為特教生分配的問題，跟教務處有不太愉快的幾次溝通經驗，所以就將這個不滿的情緒放在心中。

　　沒想到這個風聲，當天晚上就傳到其他同仁的耳中，有一位丙老師平常心直口快，直覺就是乙老師因為年輕就受到教務處的霸凌！所以當天就傳訊息給註冊組長。

　　丙老師的訊息：「你們行政人員在搞什麼？都把好的學生編給甲老師，不知道乙老師的班已經夠難帶了嗎？今天又分了一個牛頭馬面給她，你們是什麼意思啊？」沒想到，註冊組長看到訊息後，也不干示弱，立即訊息回覆：「妳為什麼每次都搞不清楚情形呀！年輕老師意見這麼多！我是依照學校的分班原則下去分班的啊！妳這一些話是什麼意思……，要不然妳自己來排排看，看是不是這個學生，就是會排到乙老師的班級？而且特教組從來也不會詢問呀！我並沒有亂分啊！」丙老師：「啊~~不管啦！你們要想辦法幫她調整，要不然我們許多老師已經很不滿了！大家都在說~教務處專門欺負年輕老師啦~」

　　看來這一所Happy學校，老師們已經開始不太Happy了～～

資料來源：張宗義、林嘉珮、邱莉萍、洪靜春、鄭雅尹（2011）。**你好、我也好：教師溝通技巧**。教育部。

討論問題

1. 請問案例中，教師與行政人員遇到哪一些溝通的阻礙？
2. 請問案例中，註冊組長或教務主任可以運用哪一些溝通的策略來化解阻礙？
3. 請問身處後疫情的時代，未來學校行政溝通可能面臨的困難與因應策略為何？

考古題

1. 身為學校的領導者，校長必須與學校成員進行多層次之溝通。試以組織溝通之理念，說明校長日常應利用何種策略與管道，以促動學校成員彼此之間的有效溝通？（107年三等特考）
2. 從事教育行政工作，須進行溝通，溝通是個人或團體相互間交換訊息的

歷程，藉以建立共識、協調行動、集思廣益或滿足需求，進而達成預定目標。請問教育行政溝通應把握哪些原則？為求溝通更為有效，可運用哪些溝通技巧？（110年三等原民特考）

3. 請說明教育行政溝通的目的，並就您所熟知的分類方式，舉出三種溝通的類型及其意涵。（111年三等身障特考）

GPT輔助自主學習的關鍵提問

‧請詢問GPT軟體平台，你在案例中思考的後疫情時代溝通困境與策略是否合理，並詢問更佳方案。同時，可以與同儕討論，這些答案是否適合當前情境，並根據省思來進行調整。

【學習概念：自我監控】

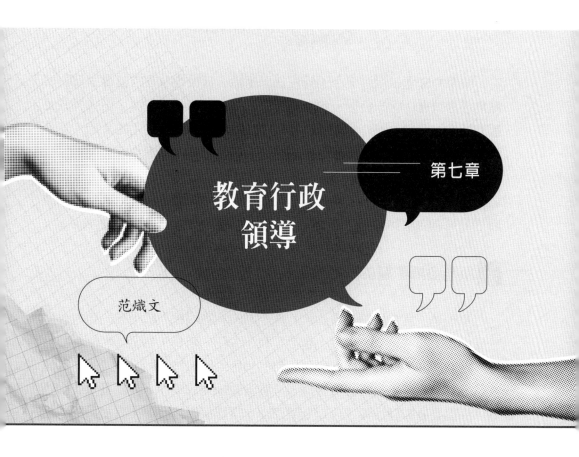

第七章

教育行政
領導

范熾文

本章主要探究教育行政領導的理論內涵、新興領導理論
以及實施原則。共分五節,依序包括第一節領導的重要;第
二節領導的意義;第三節領導理論發展;第四節新型領導理
論,最後第五節提出教育行政領導實施原則。

第一節　領導的重要

　　領導的概念，從古至今不管在任何組織，都被視為非常值得強調的重點。透過領導功能的發揮，包含了對組織外在的結構、制度、模式等方面都有長遠的影響，同時對組織發展的隱性層面，例如：文化的營造、互動的關係、信念與價值等內涵，也都扮演著舉足輕重的影響角色。再以學校組織而言，如論及學校的經營發展，鉅觀如學校整體經營的方向、微觀如老師對待學生的態度，其實都與學校領導者的想法與作為息息相關。整體而言，領導的重要性，如以學校組織的觀點來看，可概述為幾個面向：

一　所能發揮影響的角色多元

　　學校是一種有機體的概念，各種不同的利害關係人於不同的角色，都一定會有所關聯，依此來說，包括校長、主任、組長，甚至於老師，都是可以透過領導來加以發揮與加乘各自的角色。譬如校長融合領導的作為，可以影響到整體學校的發展方向、經費資源補助的順序、教師著重的價值觀、課程發展的理念等。再以老師而言，透過領導的發揮，有益於凝聚班上學生的向心力、提升家長的認同感。可見，領導在不同的角色，皆有其重要地位。

二　可以影響的範圍相當廣泛

　　領導不只是適用於學校多種的角色，同時在角色為基礎，所能進一步產生的影響也十分廣泛。例如：從個體的觀點來看，可以協助行政人員或教師如何反思自我的定位，深入思考自己在教育工作的意義價值，在團體的面向思考，更有助於探究如何發揮領導的模式，建立良好的協作關係，最後以組織的角度分析，領導對組織文化的轉化、組織變革的成敗、組織公民行為的催化等，也有諸多可供應用之處。

三 實現教育目標的動態視角

　　教育與學校領導是一門科學，也是一門藝術，從科學的方面探索，在於思考領導對於教育目標及組織目的之正向助益，而由藝術的視角體會，就是強調領導的動態性，當應用於不同的組織、情境、時空，或是個體，都有可能採取截然不同的領導模式。綜言之，任何的學校或教育組織，必定有其長期或短期的目標，而究竟如何視情境的變化，促使組織達到設定的目標，運用領導的動態特性，應是值得參考的方式。

第二節 領導的意義

　　發揮適切的領導，不只是能夠建立組織和諧的氣氛，更可以作為達成目標、建立團隊默契的重要途徑。然而，領導的概念看似乎有許多重要性，此概念卻也總是充滿動態與複雜，所以各領域總是會用相當多的術語加以闡述，自然更難單一使用某一種視野，全面性精準的定義。是以，以下引述各學者看法，循此理解領導的不同觀點。首先，領導者的定義是某人可以影響其他人，也就是說，領導就是領導者的作為，影響團體以達成目標的流程（Robbins & Coulter, 2012）。此外，Yukl於2013年則列舉出下列具有代表性的領導定義：

　　1. 領導是「個人指引團隊，達到共同目標的一種行為」（Hemphill & Coons, 1957）。

　　2. 領導是「超乎機器性的常規指令，所增加的影響力」（Katz & Kahn, 1978）。

　　3. 領導是「影響組織性團體來實現目標的過程」（Richards & Engle, 1986）。

　　4. 領導是「在於闡明願景、體現價值觀以及創造能夠完成任務的環境」（Jacobs, 1970）。

5. 領導是「集體努力賦予目的（有意義的方向），並促使人們願意付出努力，達到目標的歷程」（Jacobs & Jaques, 1990）。

6. 領導是「走出文化的能力……，啟動更具適應性的變化過程」（Schein, 1992）。

7. 領導是「個人影響、激勵並幫助他人為組織的有效性和成功，所付出貢獻的能力」（House et al., 1999）。

上述有關領導的定義，即表示不同領導概念的研究焦點，包括目標、常規、團體、願景、意義、文化、激勵等。在國內學者看法，黃昆輝（1988）認為，教育行政領導是教育人員運用許多不同的策略，從整合成員的想法開始，發揮團體合作的智慧，引導組織人力的相互協作，最終達到組織發展目標的作為。簡言之，領導是一種領導者與被領導者在組織情境中之互動過程，而教育行政領導就是教育行政人員，經由不同團體之間的運作，以完成教育目標之作為（吳清山，2021；吳清基，1989；陳昱雯，2021；謝文全，2005）。綜上所述，學者們的定義十分多元，如從各個角度與觀點來闡釋其本質，領導則可以定義為：「領導者就其不同的權力與影響力的發揮，在團隊或者組織的脈絡當中，結合不同的策略，包含人力、物力、資源，建構無形的團隊精神與有形的團隊結構，引導成員工作方向，激發成員工作動機與滿足需求，最後可以達到組織目標的相關行政作為。」此一定義有六項特點，茲分述如下：

1. **領導是一種歷程**：領導是一種動態持續發展的過程，不只是屬於領導者自己的特質，而是領導的發揮應該產生於領導者與被領導者之間，彼此互動的歷程。

2. **領導是影響力之發揮**：影響力的發揮，可以說是領導此概念的重要本質，不管是想要讓組織達到目標，或者是想要建立組織成員之間的向心力，或者是培養彼此的人際網絡，領導者都需要透過影響他人來加以發揮，而在此影響的過程當中，就進一步涉及權力的運用、激勵、溝通的策略、關懷同儕的需求等；換句話說，影響力的發揮，關係領導效能的發揮，如未能影響他人，就沒有領導效用。

3. **領導是建立於權力之上**：領導者權力的來源可以包括正式管道的

法定權、獎賞權、強制權，以及非正式管道的專家權、參照權、道德權。詳言之，法定權係指法規給予的權力、獎賞權係指基於職權給予部屬的獎勵、強制權泛指懲處不良表現的能力、專家權代表個人擁有專業知識而讓人追隨、服從的權力、參照權意即個人擁有魅力可以吸引成員的服從、道德權強調負起德育的責任。

4. 領導是交互作用之功能：領導是人員間彼此的影響，經由溝通與影響，促進領導者與成員共同合作，可見領導並非單一面向的影響路徑，而是領導者與被領導者相互社會情感、心理認知的交流，交流時會產生動態影響，進而衍生所謂相處融洽、合作默契等情形。領導者與成員彼此在意念、情感與行動上，必須有交互作用，才算是領導。

5. 領導是發生在團體或組織脈絡：領導必須在團體或組織之中，只有一個人之情境，領導是不存在的，亦即領導必須在一個團體或組織中，才能發揮效能。

6. 領導是要可以滿足成員需求與達到組織目標：領導者應該了解不只是一味的著重如何完成組織工作任務，整合成員的觀念，同時也要從人性的角度思考，了解成員的基本需求及高層次需求，方能真正的激勵成員行為，提升工作動機。唯有兼顧目標達成與需求滿足，領導才能發揮效能。

上述定義的特點，依序包括本質、領導者、被領導者、情境與目標等不同重要概念存在；換言之，本質意即領導就是一種歷程，而領導者應發揮影響力與領導權，被領導者應跟領導者有所交流與互動，而組織或團體的情境，以及滿足個人與組織目標，皆屬於領導情境與目標的特性，這一些要素可視為相互影響的關係，交織形成領導的核心要義。

第三節　領導理論發展

特質理論（trait theory）為領導理論發展之濫觴，隨後即有行為理論（behavior theory）、權變理論（contingency theory，又稱為情境理論或環境理論）等三大學派。分述如下：

一　特質理論

顧名思義，特質理論就是強調領導者個人的特質、素養或者是特徵，這一些特質與素養，包括了領導者自己所擁有的知識、修養、品德、能力或是領導的涵養等。領導者要有自信、獨立性、高度的成就感、積極主動的工作態度與親和力，對事情要有新的看法、見解與果斷力。

有關領導者的一般與共同特質分析的研究有很多，最著名為Stogdill研究。特質論盛行於1910至1940年間，Stogdill（1948）分析40多年之間，多達124項的領導特質研究，並將領導相關的個人特質因素分成六大類：

1. 能力：智力、機警的能力、語言流暢度、原創力、決斷力。
2. 成就：學術成就、知識、運動成績。
3. 責任：可信任度、主動、堅毅、積極進取、自信、超越的渴望。
4. 參與：活動能力、適應力、幽默感、社交能力、合作。
5. 地位：受歡迎程度、社經地位。
6. 情境：跟隨者的特徵與欲達成的目標等。

從特質論觀點來思考，在實際的學校現場，領導者似乎並不是每一個人都適合擔任的角色，在面對危機或決定的過程，領導者都必須發揮獨特的特質，才能產生影響力。因此，如何探究成功領導者的共同特質，就是特質論所關心的重點，然而要找出能夠放諸四海皆準的共通特質，並不是一件簡單的事情，因為領導者的特質並非適用在每一種變化的情境。舉例來說，過去在學校的一位資深校長，他相當重視環境的整潔與學生的品行，但是對於社區活動非常少參與，也不願意主動接觸，在過去民風傳統

的社會，可能會廣受民眾的尊敬，然而在今日開放的社會，就有可能被認為過度保守。綜上可知，特質論雖然強調個人領導者的成功特質，但是對於情境的因素，顯然並未納入考慮的主要因素。職是之故，自1940年代開始，主要研究方向就已經移轉，從1940年代後期到1960年代中期，領導理論的研究，強調領導者表現出來的行為。

二　行為理論

就行為理論而言，相當重視在不同環境當中，領導者所呈現的具體作為，而領導者具備哪一些個人的成功特質，並不是行為理論所關心的焦點。1940年代開始，行為理論主要受到行為主義心理學的影響，慢慢地取代特質理論，並盛行於1960年代，研究重點聚焦於成功領導者的外在行為（秦夢群，1998）。分述如下：

(一) 俄亥俄州大學（The Ohio State University）研究

美國俄亥俄州大學企業研究中心（The Bureau of Business Research at Ohio State University）自1940年起，設計編製領導行為調查工具，稱為「領導者行為描述問卷」（Leader Behavior Description Questionnaire, LBDQ），主要目標是在探討領導者的領導行為，最先蒐集了一千多種描述各種不同領導行為的項目，再經因素分析後，可整合成兩個層面，命名為：「倡導」（initiating structure）及「關懷」（consideration）。「倡導」的領導行為係指領導者為了達成組織目標所表現的行為，包括分配工作任務、說明組織目標及工作關係、建立溝通網路，以及考核組織工作團體的績效。由此可知，「高倡導」的領導者，比較著重特定工作項目的達成、穩定績效的維持，以及著重工作期限達成之程度也較高，「倡導」與「工作取向」的領導方式相似（秦夢群，1998；謝文全，2005），而「關懷」和「人際取向」較相近。依照倡導和關懷這兩個領導層面程度的高低，可以交叉轉化成「高倡導高關懷」、「高倡導低關懷」、「低倡導高關懷」及「低倡導低關懷」等四種領導方式：

1. 高倡導高關懷：領導者同時重視組織的要求與成員的需求，不

只是強調工作任務也關懷部屬，也就是在互重互信的氣氛下，達成組織目標。

2. **高倡導低關懷**：組織的工作績效與實際效能，乃為領導者所強調的首要之務，關懷的行為表現顯然不足。

3. **低倡導高關懷**：相較於工作績效的要求，領導者更重視應關懷成員的需求及滿足。

4. **低倡導低關懷**：對於如何達成組織目標與滿足成員需求，領導者均展現漠不關心之行為。

(二) 雙重領導角色理論（Interaction process analysis）

Bales於1950年在哈佛大學社會研究中心，透過領導者行為所表現的實際觀察結果，發展出「團體互動歷程分析」（interaction process analysis, IPA），將領導者和成員互動的行為分成12個類別，且產生兩種類型的領導者，其一為「任務型的領導者」（instrumental or task-oriented leader），另一類是「社會型的領導者」（social-emotional or expressive leader），前者傾向於執行與達成組織的工作，後者傾向於團體成員之間的包容、尊重和情感交流，兩者是不同層面的領導行為（葉榮文，2015）。雖然一個領導者很難扮演雙重角色，但是Bales等人認為此兩種類型的領導者，均是組織不可或缺的角色（陳慧穎，2007）。

三 權變理論

權變理論（contingency theory）興起於1960年代，尤其自1970年代開始，漸成為領導理論的主流，權變理論的基本觀點，著重因應情境的多變化，無法仰賴單一最佳的領導模式，實際的領導，應該需要透過領導者「人格特質」與「情境脈絡」綜合考量，方能形成最適當的領導作為，也就是說，領導者應該考量人、事、時、地、物進行全盤的思考，校長身為學校的領導者，亦需視學校變動性的情境脈絡，靈活採用適切的領導作為，才是正確的思維（吳清山，2021；謝文全，2005）。分述如下：

1. **Fiedler權變理論**

Fiedler將領導的模式分為「任務導向」（task-oriented）和「關係導

向」（human-relation oriented）兩種。任務導向的領導模式，強調對於組織績效的嚴謹標準，成員應該重視完成工作的績效；相較關係取向的領導者，則著重於人際關係的維持，以及是否滿足成員的需求、關心成員對於工作的感受。可知，在任務導向及關係導向領導行為的交互作用過程，就是一種領導者和情境脈絡之間的交互影響，在此影響的情境，會產生實際影響組織績效的效果；簡單來說，組織的績效乃是透過領導者與情境脈絡的相互影響所導致而成（吳清山，2021）。

Fiedler為了探究領導模式，發展出「最不被喜歡的同事」（least preferred co-worker, LPC）量表。問卷的設計是請成員回答工作上不易相處同事的人格特質，在LPC得到低分者，即歸類為任務導向的領導者；反之，得到高分者，即為關係導向的領導者。Fiedler的理論，特別強調情境因素對領導效能的要性，情境包含「領導者和部屬的關係」、「工作結構」（task structure）及「職權」（position power）三要素（吳清山，2021；黃昆輝，1988）。

圖7-1
領導方式與情境配合

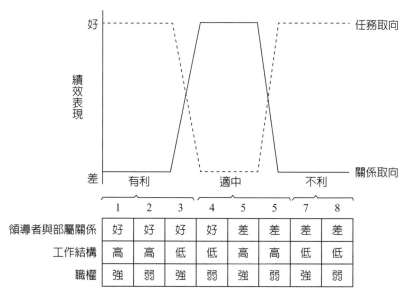

資料來源：吳清山（2021，頁151）。

2. House的途徑一目標理論（path-goal theory）

途徑一目標理論重點在於領導者的某些特定行為，對部屬的動機與滿足可能產生的影響，被認為較偏向以部屬為中心為理論。其核心概念為領導者需重視如何影響部屬對工作目標、個人目標及達成目標的知覺，積極提升成員的滿足感。如果領導者愈能協助成員了解達到目標過程中的「途徑」，減少阻礙，以促使成員達到「目標」，則行為更能激勵或滿足成員（吳清山，2021）。依此，此理論除了依循「期望理論」，重視成員的知覺之外，領導者也可以依據不同的情境，採用不同的領導行模式，包括「指示性、成就取向、支持性、參與性」等領導行為，前兩者傾向倡導面向，後兩者近似關懷面向，而情境則是指「部屬的特質、環境所產生的壓力和需求」（吳煥烘，2004）。

第四節　新型領導理論

近年來，學者也提出新型領導理論，包含轉型領導、互易領導、願景領導、道德領導、服務領導、社會正義領導、關懷領導、教學領導、中層領導等眾多不同的理論。茲簡述如下：

一　轉型領導與互易領導

轉型領導係由Burns於1970年所提出的概念，Burns認為轉型領導（transformational leadership）是領導者與部屬，交互提升至較高需求層次及動機的過程。領導者能了解分析成員的需求，並探究成員所蘊含的潛在動機，再提高成員道德感與更高層次的需求，激勵成員用心努力（蔡進雄，2000）。顯然，指揮控制並非轉型領導者的重點，引導成員朝向高層次的需求思考、自主管理及學習才是著重之處，所以轉型領導屬於全方面的領導方式，從特定目標的規劃來影響成員，繼而影響組織內外文化，促

進成員做好改革與發展（Northouse, 1997），其層面包括「建立團隊、共識願景、個人魅力、激發鼓舞、知識啟發、以身作則以及個別關懷」等（王宏彰，2007）。同時，Burns也提出互易領導的模式，此模式強調以物易物的領導，包括利益、政治、經濟或心理的交換，也就是經由協商、談判與獎懲，來促使成員的投入（范熾文、張淑芬，2011）。

二 願景領導

由Bennis提出，領導的首要特徵是要有明確的願景、目標和方向，集中大家的注意力，而不是用神祕的形式或宗教意念來達成目的。願景領導（visionary leadership）可以將願景轉化成一種行動，並將這一種行動、過程，實際落實在學生各方面的環節（黃俊峰，2013）。而願景如何形成，在形塑時會受到領導者與部屬的想法、組織成立的歷史典故、成員的期望等因素影響，進而對於組織成員及團隊行為產生引導或改變的效果（葉連祺，2002）。進言之，組織領導者如果善用願景的影響力，凝聚成員對於組織共同的價值觀、觀念與目標，無疑將作為指引成員信念與行為的指北針，引導成員、團隊及組織發展的方向，促進組織的進步與發展（吳清山，1996）。所以，校長身為學校領航者，運用願景領導的概念，對於規劃學校整體發展目標以及凝聚成員的向心力，還有維持教師持續投入教育工作的熱忱，皆具有實質的幫助。

三 道德領導

道德領導（moral leadership）著重於融合道德與正義的責任感、義務感、價值觀，進而付諸於行為的領導作為（謝文全，1998）。領導者在道德操守上，需潔身自愛、誠懇樸實、不做投機取巧的事情，並重視批判倫理，對於不合理的事物，願意自我反思，提出建設性的建議，尋求校園環境的共榮共存。此外，也願意發揮關懷倫理的理念，關心弱勢族群的需求，設身處地的為他人著想，最後則透過自我道德的不斷修為，培養願意

讓人跟隨的道德魅力，產生對成員潛移默化的影響力。是故，為了建立著重倫理、道德與正義的校園情境，校長應當參酌道德領導的精神，從堅定自我的倫理操守，整合不同的倫理概念，落實於學校的不同面向。

四 服務領導

服務領導係指從領導者願意為他人服務的角色著眼，時時優先考量成員的利益，領導者對於團隊與組織更願意犧牲奉獻，並堅定良善、謙虛、關懷、尊重、無私等特質。服務領導亦稱為「僕人式領導」（servant leadership），就是強調領導者應像僕人一般的角色，服務組織的部屬。服務領導比轉型領導更重視對社會責任認知的追求，領導者往往將自己的利益，放在他人的利益及組織的需求之後，可見領導者應以身作則，做好身教、言教、境教，找到團體與部屬努力的方向，調整成員價值觀，朝目標前進（蔡培村、武文瑛，2004）。

五 社會正義領導

正義是指建立在個人權利得到尊重的基礎，本質上具有公正、公平、正直等意涵（吳清山、林天祐，2005）。整體而言，校長如欲有效推動社會正義領導（leadership of social justice），融入社會架構、法律規定、不同差異、補償辦法、適性發展等公平層面，形成領導者的背景理念、師生互動及核心目標已成為重要面向。詳言之，領導者的背景理念需抱持關注多元文化思維，互動過程中對內需以關懷傾聽、尊重肯定，進而提升教師專業價值；對外需以行動、省思等策略與社區家長良好互動，最後需以學生學習為核心，重視弱勢學生權益，進而建立包容民主校園為重要目標。根據上述，社會正義領導，可以稱為一種學校領導者持關注多元文化與弱勢族群的理念，再透過對師生關懷傾聽、尊重肯定的態度，以及行動省思、民主合作等策略，以達成促進學生學習與建立包容校園的主要目標（張文權、張臺隆，2018）。

六 關懷領導

Noddings（1995）指出，在具有關懷的關係情境中成長，是每一個人從小到大的自然生活脈絡，所以對他人給予關懷是自然萌生的情感。關懷倫理，也可以稱為一種在被關懷的回憶裡，建立起彼此關懷的理想畫面。因此，關懷是一種態度與實踐，如結合關懷與領導的概念，關懷領導（caring leadership）就代表領導者對於領導的意涵、行動以及心態等，都將關懷的精神蘊藏其中。進言之，關懷領導係指領導者與成員的互動過程中，所展現的共同信任、相互尊重及了解彼此的領導作為，領導者會自然的發自內心，以真誠、無私的態度，關心成員的真實需求，彼此共享核心信念與價值觀，進而建立良好的人際關係。

七 教學領導

Hallinger（1992）認為，校長在1960至1970年代，多是擔任管理者的角色，意即校長重視於如何監督及推動教育改革的計畫。而在1980年代，教學領導已成為校長的主要角色，校長應多善用以教學領導（instructional leadership）的理念，致力推動校園革新。林明地（2000）即指出，教學領導已成為近年來的重要趨向，過去的教學領導多聚焦於「考核、監督」，目前則更加重視於「協助、支援」的功能。綜上，以目標角度而言，教學領導的目標應透過課程設計、教師教學、學生學習等途徑，以建立良好的學習制度與文化，就催化角度來說，可以結合校長領導的角色，以教與學的精進為要旨，建立朝向教與學持續改革的專業合作模式，提升教學的品質（張文權、范熾文，2022）。

八 中層領導

中層領導（middle leadership）也屬於新興的領導概念，強調中層領導者扮演高層領導者和教師的橋梁，對於領域學科或全校團隊，具有明確的

發展方向，能夠鼓勵同仁，經由有效的引導和管理，協助學校眾多事務的順利運作（賴志峰，2020），可見中層領導概念的形成，不但呼應教師專業發展的趨勢，重視除了校長之外，教師亦有領導的專業影響力存在，同時也強調教師應該具有引導與管理的角色，包括教師社群召集人、教師會理事長、各處室主任、學年主任等。一般就中層領導者實踐的策略，包括發揮教師專業優勢、傾聽教師專業需求、建立信任關係、釐清工作順序、聚焦學生學習，以及深化課程教學領導等（張文權、范熾文，2018）。

第五節 教育行政領導實施原則

整體來說，綜合領導的權力來源、學校目標、實踐歷程、教師成員與學生學習等觀點，提出教育行政領導實踐的幾項原則，分述如下：

一 運用多元權力與專業形象，影響學校成員

校長領導需要以多元權力的基礎來實施策略，影響成員改變工作態度。校長要善用本身專業及人格影響力，運用磋商、妥協、教學專業之權力影響部屬。校長應在法職權基礎上，強化運用專業知能，促使成員學習新知，彼此相互影響。校長本身是高層領導人員，身教及言教影響很大，平時應建立專業形象，以專家權來贏得部屬尊敬。並多用理性說服方式，說明改革方案之重要及可行性，尤其多採取邏輯和事實證據，說服教職員認同及支持方案，這種價值及理念，才能激發其承諾。

二 校長要展現領導的決心，彰顯學校的目標

校長的領導與支持是學校經營最大影響因素，校長要領導全體教職員建立明確可行的校務發展計畫，並擬定有效執行策略，聚合全體同仁意

志，朝目標邁進。亦即校長本身是否具有宏觀的視野、領導知能，以及發展學校長遠之願景，在溝通過程之中，可利用書面資料、展示牌、或在學校重要地點，陳列重要標語、口號，以展現校長的決心，亦可主動創造宣導校務發展條件，例如：校長可以利用正式會議（校務會議或晨會等），宣導組織目標，制訂實施計畫，公告周知，以發揮燈塔效應，引導教職員工努力方向。

三 重視民主共同參與，運用新興領導的策略

　　學校組織同時兼具強調嚴格監督的行政管理系統，與重視專業自主的教學系統，常造成科層化與專業化的衝突。而隨著教育改革發展，學校內設置教評會與教師會組織，讓教師開始參與校務工作，採取授權信任，可以讓教師展現教學的專業於校務革新當中。而校長也應該考量當代社會變化的趨勢，適切轉化領導定位及方式，例如：面對過去衝突不斷的校園，剛到學校可以參酌關懷領導的理念，建立教師之間的信任感，遭遇教學效能長期不佳的困境，則可運用教學領導的模式，探尋教學改革的突破契機。換言之，校長應正視社會重視民主參與的多元趨勢，順應不同的學校處境，運用適切的新興領導策略。

四 善用賦權與增能，建立教師專業學習社群

　　在社群之中，成員彼此都是生命同共體，會察覺到我們有「一體感」，教師的專業自主是教師專業化的核心內涵，所以應該著重透過建立教師專業學習社群，來激發教師的專業能量。在此過程，善用賦權與增能是可行的途徑，首先以賦權而言，在教學層面，學校行政人員應尊重教師專業自主，舉凡教科書遴選、教材規劃、進度安排、校訂課程設計等，要重視教師專業權的發揮。再者，在教師增能方面，應視教師的專業需求，包括學生行為輔導、班級經營或新興教學法等，藉由有形研習或無形的專業價值共享，提升教師的專業素養。

五 採取多元溝通原則，建立和善人際關係

校長應該隨時與教師進行正式與非正式溝通，不但可以提升教師工作滿意，更能產生團隊精神，提高工作士氣。因此，校長要採取信任、授權、尊重、平等與溝通等原則，建立和善的互動關係。有關教師專業自主，校長要尊重教師看法，適當地予以採納，即使教師意見有偏頗，也要婉轉說明。此外，校長也要透過言行一致的前後作為，建立值得讓教師信賴的觀感，以構築雙方的信任默契。換言之，教師是否願意為願景發展而努力，領導者與成員之間的尊重信任相當重要，校長應知人善用，與教職員建立信任氣氛，才能帶動同仁為學校努力。

六 掌握學校願景，聚焦於以學生學習為重心

形成願景的目標在於發展真實、可信、具吸引力的未來發展圖像。校長應該藉由適切的言語能力與溝通管道，將願景及其代表的意義傳遞給老師，和同仁建立一致的價值取向。教育行政本身沒有目的，其最大的目的就是增進教學。事實上，如何促進教學革新，提升教學品質，才是教育最重要的核心工作。要言之，教育行政領導是服務、支援、引導教與學的重要媒介，圍繞於以教與學為重心的發展願景，引導親師生持續投入教與學的精進，應該列為校園發展的重要目標。

參考文獻

王宏彰（2007）。轉型領導理論在班級經營上的應用。**中等教育**，58(6)，116-125。

吳淑如（2002）。**領導特質與團隊效能知覺之關係研究—以北區升研究所文理補教業班主任為例**（未出版之碩士論文）。朝陽科技大學。

吳清山（1996）。**教育改革與教育發展**。心理。

吳清山（2021）。**學校行政**。五南。

吳清山、林天祐（2005）。**教育新辭書**。高等。

吳清基（1989）。**教育與行政**。師大書苑。

吳煥烘（2004）。**學校行政領導理論與實務**。五南。

林明地（2000）。校長教學領導實際：一所國小的參與觀察。**教育研究集刊**，**1**(44)，143-172。

范熾文、張淑芬（2011）。宜蘭縣國民小學校長轉型、互易領導與學校競爭優勢關係之研究。**學校行政**，**76**，1-23。

秦夢群（1998）。**教育行政—理論部分**。五南。

張文權、范熾文（2018）。凝聚學校共責的新力量：教師績效責任領導之實踐分析。**教育政策論壇**，**21**(3)，143-180。

張文權、范熾文（2022）。國小校長教學領導與教師專業素養關係模式驗證及教師專業素養IPA差異分析。**課程與教學**，**25**(4)，159-190。

張文權、張臺隆（2018）。弱勢關懷的新焦點：偏遠地區中小學校長社會正義領導之研究。**中等教育季刊**，**69**(3)，21-37。

陳昵雯（2021）。**圖解管理學**。易博士。

陳慧穎（2007）。**校長領導行為、組織公平及教師組織公民行為關係之研究—以南部四縣市公立國小為例**（未出版之碩士論文）。國立臺南大學。

黃昆輝（1988）。**教育行政學**。東華。

黃俊峰（2013）。願景領導理論與其實施策略之探討。**學校行政**，**88**，230-251。

葉連祺（2002）。建構國民中小學學校願景之探析。**教育政策論壇**，**5**(2)，103-121。

葉榮文（2015）。校長領導中教師組織公民行為之研究—以一所國民中學為例（未出版之碩士論文）。國立臺灣師範大學。

蔡培村、武文瑛（2004）。**領導學**。文復。

蔡進雄（2000）。**轉型領導與學校效能**。師大書苑。

賴志峰（2020）。中小學中層領導的理論與實踐。**教育研究月刊，318**，32-46。

謝文全（1998）。**學校行政**。五南。

謝文全（2005）。**教育行政學**。高等教育。

Fiedler, F. E. & Chemers, M. M. (1974). *Leadership and effective management.* Scott Foresman.

Hallinger, P. (1992). The evolving role of American principals: From managerial to transactional to transformational leaders. *Journal of Educational Administration, 30*(3), 35-48.

Likert, R. (1967). *The human organization: Its management and value.* McGraw Hill.

McClelland, D. C. (1985). *Human motivation.* Scott, Foresman and Company.

Miner, J. B. (1978). Twenty years old research on role motivation theory of managerial effectiveness. *Personnel Psychology, 31*, 739-760.

Nodding, N. (1995). Care and moral education. In W. Kohli (Ed.), *Critical conversations in philosophy of education* (pp.171-183). Routledge.

Northouse, P. G. (1997). *Leadership: Theory and practice.* Sage.

Robbins, S. P., & Coulter, M. (2012). *Management.* Prentice Hall.

Stogdill, R. M. (1948). Personal factors associate with leadership: a survey of the literature. *Journal of Psychological, 25*, 35-72.

Yukl, G. A. (2013). *Leadership in organizations.* Pearson.

案例討論

　　Peace學校（化名）是一所歷史悠久的學校，學生數達1,000多人，在一所「歷史悠久」的學校，就存在著「年資悠久」的老師，對於過去傳統的成功模式，普遍認爲是不太需要變動的……

序曲：疫情風暴來襲……

　　近日因應疫情不斷加重，教育部爲了規範各校停課標準，頒布了停課標準，陳校長也爲此緊急召開了擴大校務會報，擬定學校因應疫情的標準作業程序，此時心中正想著或許推動組織革新的時機到了，於是在行政會報當中，他開始推銷自己的想法：「根據此次疫情，未來善用線上教學的趨勢在所難免，因此全體教師同仁應積極累積資訊素養。另一方面，電子白板與未來學校的概念興起，我們老師更要跟著上時代才可以……。」

　　正當大部分的教師同仁都還對資訊素養、線上教學等新名詞一知半解時，陳校長已下達了三項命令：

一、建置線上教學系統、購買耳機、鏡頭並舉辦研習，由總務處負責採購。

二、建置線上學習系統資源網，協助學生在家自學，由教務處負責。

三、建立危機管理標準作業流程，並建置跨處室共享平台，由學務處與輔導室負責。

　　才一宣布，底下頓時吵成一團，私下紛紛質疑，他卻以「因應疫情與未來趨勢」的理由打回票。私下教務主任尾隨進入校長室。有點怯怯的說：「校長！您的苦心，大家感受得到，但實施上，應該漸進比較好，一下改變太多，恐怕老師會不適應！」他只是聽，沒有作聲，心中早有定見。

第一樂章：校內風暴緊接來襲……

　　要徹底執行可眞不容易，剛開始大家只採觀望態度，直到大家接到通知要利用班週會參加研習，才知道校長是玩眞的，但導師此時不

免開始抱怨：

　　「利用我的班週會課參加研習，那我的班上秩序怎麼辦？」校長卻頗得意的回答：「沒問題！我已經跟學務處協調好了，由各組長巡堂」卻不知此項徒增的任務，也讓學務處行政同仁極為不滿：「校長很奇怪，我們從早忙到晚已經夠辛苦了，還要幫導師的課巡堂……」

第二樂章：校內風暴尚未停息……

　　就在校長發布命令之後不到一個星期，老師們正為校長的指令人仰馬翻的同時，果真校內共二班率先發難，宣告停課了！此時校長立即雷厲風行的要求依照標準作業流程進行，但教務主任此時才發現紙包不住火，原來要求建置的資訊平台連個影子還沒有看到，因為設備組長非資訊專長，而全校唯一的資訊老師因剛懷孕，身體極為不適，而對教務處緊急的要求非常不諒解，雙方正處於衝突的情境……

終曲

　　流年不利，正當內部衝突不斷等難題接踵而來之際，因為停課涉及在家自修的問題，家長會長也不斷來電關心：「為什麼學生在家都不知道要看什麼書呢？……」

資料來源：張文權（2015）。國中校長知識領導踐行之實務案例分析。**臺灣教育，692**，48-53。

討論問題

1. 請討論案例中，校長在領導的實踐過程，遇到哪一些困境？
2. 請討論如以校長或中層領導者的角色，可以運用哪一些領導理論，以呈現具體作為，進而化解困境？

考古題

1. 新興教育領導理論（如轉型領導、分布式領導）的出現，對於教育行政運行具有實質影響。相較於傳統教育領導理論（如特質論、行為論），請評析兩者之間在理論走向有何差異？新興教育領導理論對於校長領導策略上又有哪些啟示？（102年高考）

2. 試比較互易領導（transactional leadership）和轉型領導（transformational leadership）的差異及其對教育行政運作的影響。（109年高考）

3. 領導是發揮影響力的歷程，請說明僕人領導（servant leadership）的意涵，並提出實踐僕人領導的重要策略。（112年高考）

4. 何謂權力（power）的基礎？其與權力的類別關係如何？請以自己的標準，區分不同的權力基礎，並說明各種權力基礎的意涵。（113年高考）

GPT輔助自主學習的關鍵提問

· 請詢問GPT軟體平台，針對你在校園中曾經遇到的問題（如班級經營或行政領導），怎麼運用不同的領導模式來解決？你可以從領導者的角度思考，問GPT該如何帶領他人解決問題；也可以從被領導者的角度思考，問問自己在這個過程中應該如何發揮領導模式。

【學習概念：問題解決】

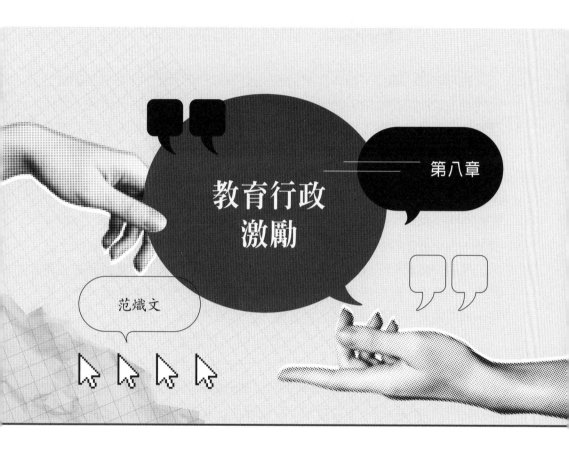

第八章

教育行政激勵

范熾文

本章旨在探討教育行政激勵的意涵與實施原則。本章共分五節：第一節說明教育行政激勵的意涵；第二節是教育行政激勵的理論；第三節是工作士氣的意涵；第四節為設計激勵的工作；第五節為教育行政激勵的實施原則。

第一節 教育行政激勵的意涵

　　教育組織的運作，都非常期望每一位成員，可以用心投入在本身的工作內容，並抱持著熱情與動機來享受努力的歷程，另一方面，如果沒有具備熱忱與動機來參與工作，自然就會呈現出推諉塞責、被動消極的工作態度，對於學校的工作也就呈現出冷淡與陌生的因應方式。這一種主動積極與被動消極的態度，兩者之間最主要的差異，成員的動機扮演重要的影響角色。事實上，動機是一種個體的內在狀態，廣泛應用在各個領域之中，此與理念、興趣、抱負、需求等概念都十分類似，不容易明確的予以劃分清楚。如果就動機的基本意義，動機（motive）可以泛指個體促進自己追尋目標的一種狀態，或協助個體選擇目標，並引導行為聚焦此目標的心理過程；換言之，動機通常是指引起個體活動，維持已引起之活動，並促使該活動朝向某一目標進行的內在歷程（張春興，2000）。

　　舉例來說，有某一位學校的主任，因為想要透過行政職務的發揮，展現對學校更多的影響力，產生想要擔任校長的動機，在此動機的驅動之下，這一名主任就會用心的準備校長甄試筆試與口試的內容，並擬定準備的期程與具體的目標，由此可知，動機理論在此主任考取校長的過程就發揮出影響力，透過動機理論的概念，有助於理解成員從行為到目標發生的過程。要言之，激勵對組織發展具備高度影響力，一方面可以從整體面向思考，如何激勵同仁之工作士氣，以凝聚學校的向心力；另一方面，亦可由班級層面反思，教師如何激發出學生的學習動機，這一些都已成為教育界關心的重點。

　　所謂激勵（motivation），係指引發、推動或促使做某事之意，即引起對人、事、物的動機。一般而言，可以泛指因為外界的刺激所引發個體的行動歷程。Hanson（1991）認為，動機理論（motivation theory）是探析人類的行為如何受到引導、激發、維繫和終結的內在因素及歷程。換言之，「需求、驅力、誘因」的意義，皆屬激勵的過程的核心概念，需求泛指因為個人的生理或心理不平衡所導致；而驅力則是因為個體感到匱乏不

足，而呈現有力的行為；誘因即為組織提供不同內在、外在因素，來滿足需求的目標物。綜合來說，所謂的教育行政激勵就是「教育行政領導人員運用多元有形物質與無形精神上的激勵方式，理解成員的需求、滿足其個別想法、發揮個人所長，進而達成組織設定之目標」。此定義融合包含四個主要的特點：

一、教育行政激勵應該要有外在的正向刺激：為了提高成員的動機，教育行政領導者應該依據組織成員的生理或心理需求，給予外在正向的刺激，例如：費用的補助、公開的制度獎勵等，以有效提升大家的工作士氣。

二、教育行政激勵應該滿足個體的真正需求：組織中不同成員實際、真正的需求並非相同，有一些著重職務升遷、薪水、敘獎；有一些是精神、人際上的鼓勵，例如：口語的讚美等。所以，教育行政領導者必須積極了解不同的需求，盡可能滿足個體真正的需求，方能激發士氣。

三、教育行政激勵應該人盡其才、物盡其利：激勵也應該著重讓成員願意主動投入在工作的過程，在此過程，領導者就應該引導成員都能夠發揮自己的潛能，善用工作環境的資源，讓組織的人力資源效用發揮到最大。

四、教育行政激勵應該達成組織目標：教育領導者在激勵的過程，應該理解到滿足每一位成員的需求，是達成組織目標的重要媒介。換句話說，以透過滿足成員需求作為手段，進一步探究有效地開發成員的工作潛能，達成組織目標，方為關鍵之處。

第二節　教育行政激勵的理論

激勵動機的相關理論通常分為「內容取向」（content approaches）和「過程取向」（process approaches）兩類（秦夢群，1997；Hoy & Miskel,

1982）。前者是在探討促進動機增強之因素內容，後者重視強化動機之行
為過程。如表8-1所示：

表8-1
激勵動機的相關理論

型態	特質	代表理論	運用實例
內容 （content）	主要在探究導致激勵行為的要素或人類的需求	1. 需求層次理論 2. 激勵保健理論 3. ERG理論 4. 三種需求理論	以滿足成員生理需求、經濟利益、組織地位或升遷、成就需求以激勵部屬
過程 （process）	主要在探究由需求引起行為產生的歷程	1. 期望理論 2. 目標設定理論 3. 公平理論 4. 增強理論	運用成員對工作的期望，以及知覺公平、挑戰性目標等因素，進而達到激勵的目標

資料來源：謝文全（2005，頁329）。

壹　內容理論

一　Maslow的需求層次論

　　人本心理學家Maslow認為人類相關的行為都是透過需求所引起的概
念，而高與低的需求當中，人們的基本需求可以分為生理、安全、社會、
自尊、自我實現需求，被稱為「需求層次論」（秦夢群，1997；Maslow,
1970）：

㈠ 生理需求：是指人類依此維生、生活的各種需求，如食物、水、睡
　　眠等。

㈡ 安全需求：是指在工作或家庭當中，擁有安全並免於害怕，不會受到
　　威脅的生活環境。

㈢ 社會需求：包含自我情感及對團體的歸屬感等，此為構成人際關係與
　　適應生活的重要面向。

㈣ 自尊需求：係指自己對自己的尊重，以及他人對自己的尊重。

㈤ 自我實現需求：係指實現自我的潛在能力，此為人們所追求的最高
　　層次。

　　其中，生理需求是位於最下層，而自我實現需求是最高層次。只有
下一層獲得滿足之後，才能夠往上滿足需求。所以在教育行政組織當中，
生理需求就是指安全的工作環境和合理的薪資報酬。同時員工能獲得安全
的氣氛，以及工作保障。第三層的社會需求，係指成員能夠和同仁之間有
良好的人際關係和暢通的溝通管道。而在自尊方面，則是指有良好的工作
自主權，能夠獲得上級的尊重與支持。最後能夠發揮所學，實現自我的教
育理想。從上所述，Maslow之基本需求論包含三種現象：1.動機是由內而
發的，屬於人類天生具有的內在傾向；2.動機具有層次性的脈絡，當滿足
低層次的需求時，自然產生高一層次的需求；3.層次愈低者，愈具有普遍
性。由上述可知，需求層次理論是動機理論中容易理解且應用廣泛的重要
概念（張春興、林清山，1986）。

　　需求層次論對於教育具有高度的貢獻，在教學過程中，老師必須思
考所規劃的學習內容，是否符合學生的學習需求，也就是說，應著重於低
層次的基本需求，方能進一步思考如何激發高層次的需求。同時在情境方
面，教師必須營造出友善的學習情境，不管是學生所回答的正確或錯誤的
答案，啟發學生思考在答案背後的概念，更為重要。此外，倡導學生參與
社團或服務活動，也有助於社會與自尊需求的滿足（朱敬先，1997）。

二 Herzberg的激勵保健二因論

　　Herzberg是激勵保健二因論之創始者，Herzberg以為人類內在的動機
與滿足受到兩組因素影響，非傳統只有一組因素。Herzberg以工程師、會
計師為研究對象，分析工作中最滿意與最不滿意的事，結果發現影響滿足
感是一組因素，而影響不滿足又是另一組因素。茲將此兩類因素，分述
如下：

㈠ 影響工作滿足的因素，稱為激勵因素

激勵因素與工作有直接關係，又稱內在因素（intrinsic factors）。存在這一些因素，可以引起人的滿足；這一些因素若不存在，則不一定會有不滿足的感受。包括：1.成就感（achievement）：指成功完成某一些任務；2.受賞識感（recognition）：得到上級或同仁的認同賞識；3.工作本身（work itself）：指工作內容的變化程度或難易度、例行性；4.責任感（responsibility）：指擁有的權力與責任程度；5.升遷（advancement）：無形的地位、有形的職位調升等。

㈡ 影響工作不滿足之因素，稱為保健因素

保健因素與工作存在的關係屬於間接性，又稱為外在因素（extrinsic factors）。若不存在這一些因素，會引起成員的不滿足；如果存在這一些因素，又不一定會有所滿足。包含：1.組織政策與行政（company policy and administration）：指組織的政策、人事、領導是否適宜；2.薪資（salary）：指工作的相關報酬；3.人際關係（interpersonal relation）：指與長官、同儕、部屬的人際互動；4.視導技巧（supervision-technical）：視導人員的專業、對成員是否公平、能否給予授權等；5.工作環境（working condition）：指工作的客觀環境。

依圖8-1所示，在零點之右邊係指激勵因素，左邊為保健因素。每一個因素的長條愈長，即表示愈常影響工作滿足或不滿足，而面積愈大的長條圖，就代表愈久的影響力（謝文全，1988）。因此，在教育組織當中領導者應兼顧激勵與保健因素，此外，圖中的滿意與不滿意，不是屬於連續性的概念，而是激勵因素與保健因素各自的連續體。校長要關注教師的認同感、工作成就、工作條件的挑戰、職位的升遷、專業的學習成長；同時要建立完善之視導技巧、工作環境、組織政策、組織管理制度、薪資、工作地位等。

圖8-1
滿足因素與不滿足因素的比較

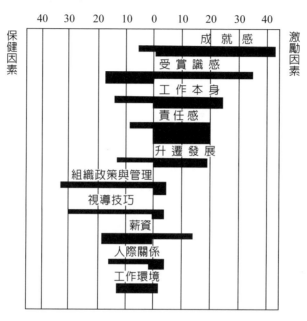

資料來源：Herzberg等（2010, p.81）。

三 ERG理論

　　Alderfer將Maslow將需求層次理論的五個需求，合併提出「生存（Existence）、關係（Relatedness）、成長（Growth）」理論，即ERG理論，其觀點認為人類有三種需求理論，各別為生存、關係和成長。首先，生存的需求是指個體必須要有安全、工作的環境以及穩定的薪資福利，才能滿足生存的需求。而關係需求是指在組織當中，人際關係能夠獲得和諧相處、彼此信任。第三，成長的需求是指個體在組織當中能夠獲得進修的機會，不斷提升專業素養，以貢獻更大的能力。此理論亦強調滿足較低層次需求後，繼而可以強化較高層次的需求。

　　因此，以學校組織而言，學校要重視人的生理及物質慾望的需求，並需提供教師擁有良好的安全環境、友善氣氛以及穩定的待遇福利，才能滿

足教師之間和諧的信任關係，進而追求教師專業成長，做出對學校的最大貢獻。

四 三種需求理論

McClelland認為人類有三種需求，包括：1.成就需求：個體擁有想超越別人、心中想成就某種目標及獲得成功的渴望。亦即此類動機在於爭取成功的過程中，願意克服困難、找尋資源解決難題、同時享受努力奮鬥的樂趣，獲得成就感；2.權力需求：係指促使別人聽從自己意志的欲望，希望發揮自己影響力量，亦即具有高權力的需求，渴望對環境或組織有控制力；3.親和需求：希望自己與別人能建立友善、親和人際關係之渴望，高度親合需求者，代表喜歡合作並與不同人交往，認為此種交流會帶來愉快的經驗。綜上，凡是正確抉擇而表現成功者有三項特徵：1.個體都求好心切，凡事盡善盡美。2.面對不確定成敗結果之工作情境時，敢於適度冒險。3.善於利用回饋，從成功或失敗的經驗中獲取教訓（林志成，1990）。

整體而言，學校領導者要了解每個教職員工有不同需求，校長應該要建立良好氣氛與信任環境，適度的賦權增能，讓成員在權責相稱的工作環境中，擁有專業的成就感及意義性，進一步即可鼓勵教職員參與校務發展，讓教職員工感覺自己是屬於一群有貢獻的團體，也可以為自己所屬學校感到驕傲。

貳 過程理論

過程理論著重於引起人們工作動機的前導認知因素，並說明變項與動機之間的關聯性。分析如下：

一　期望理論

此理論由Vroom提出，認為個體有思考與理性的方向，對將來發生的事物，都有自己的信念與預先思考的價值判斷。因而，在實行某項行動時，個體會先去思考在此行動之後，所可能發生的結果，以及產生的實質報酬價值。此理論可以建立在以下簡化後的概念（如圖8-2）：

(一) 期望：代表個人在投入後，可以達到初級結果的可能程度，本質就是一種認知的心理狀態。

(二) 工具：個體經由初級的結果，進而達到所預料次級結果的可能程度。

(三) 偏好值：個體對次級結果所偏好的程度。

圖8-2
期望理論之簡化模型

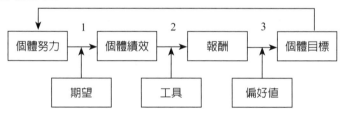

資料來源：林素真等（2009，頁36）。

二　目標設定理論

目標設定理論（goal-setting theory）在1960年代由Locke所提出，主張透過擬定具有挑戰性的目標，是激勵個人努力的基礎，經由特定的目標可以提升績效。一般來說，具體化的目標，較能引導成員的工作表現，同時如果能夠讓成員所能接受的目標愈具挑戰性，就會付出愈多的心力，而讓成員參與目標的設定，也比較可以提升其工作滿意度（謝文全，2005）。

也就是說，個人在受到激勵，願意全力投入工作的動力來源，就是為了達到特定目標的企圖心。目標設定理論，因為後續經由實證研究的驗

證，所以成為人力資源管理、績效評估的有效工具。其假定個體對設定之
目標有所承諾，亦即個人不會隨意降低或放棄既定目標，因此領導者要設
立合理具挑戰之組織目標，即透過設定一些為組織成員所接受和認同的挑
戰性目標，提供部門當作績效責任的指標或成員的工作目標，進而引導彼
此往擬定的目標邁進。

三 公平理論

由Adams（1963）所提出的動機理論，其假設之基礎為員工對於投入
與結果之間關係的知覺。公平理論主張個人的動機強弱，是基於和同事之
間比較後，個人感受是否公平的情形。例如：個體會先評估自己的努力、
教育程度、工作表現、工作時間等因素之後，再衡量所獲得的薪水報酬，
是否相當或公平。

依此而言，如果覺察是公平的狀態，隨之就會產生高的工作滿意，也
會持續奉獻自己的心力為組織而努力。相反來說，如果成員認為不公平，
感受自己的付出太多，同時所獲得的結果太少，此時就會產生工作不滿
意，進而產生工作倦怠或消極行為等發生。公平理論最重要的價值，在於
領導者對組織成員的努力，要提供同樣的報酬，需能讓組織成員能夠感受
到上級公平客觀對待所有成員，對各項考核皆一律平等。

四 增強理論

行為主義心理學家採用增強的原則，探究如何控制個體的學習，並
視學習的成果為控制外在因素的過程，可見對於行為主義而言，學習就是
刺激與反應的聯結，而學習動機在性質上是外控的，屬於外在動機（張春
興，2000）。誠如Skinner提出的增強理論，認為人類的持續行為，是依照
結果而定，如果個體是因為受到正增強物的影響，則此行為會持續保留強
化；一種行為如果受到負增強物的影響，則此行為會慢慢的停止。

就教育組織而言，校長對組織成員如果有良好的表現，就要立即展現

讚美、獎勵、記功、嘉獎等領導行為,則成員的這一種良好行為會持續不斷地強化,並願意為組織奉獻努力。

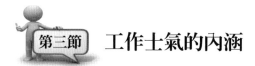

第三節 工作士氣的內涵

「士氣」(morale)一詞原是軍事用詞,係指部隊在作戰時所擁有的意志;也可以屬於一種工作的感受,應用於組織管理方面,係指工作時的團體凝聚力、團隊精神。一般來說,士氣泛指是個人和團體的一種心理態度,此態度會影響成員彼此合作的意願(Flippo, 1961; Robbins, 1998)。可見士氣屬於一種團體的綜合現象,並不是個體秉持的不同態度,所計算而得的總平均。Getzele與Guba曾對士氣的內涵加以分析,認為士氣的高低為隸屬感(belongingness)、合理性(rationality)及認同作用(identification)等三個變項的函數(李豐章,1987)。

透過社會系統的觀點,個人的需求與社會所期待角色相同的時候,個體就會對此角色產生認同、滿足與歸屬感,自然在此組織工作時,個人會感覺到此組織有加倍的吸引力,而產生與組織「共榮共存」的感覺;而當組織的目標與個人的目標一致的時候,個人所想要努力的目標,也會與組織的目標相結合,進一步激發個人願意全心投入在工作(楊樹槿,1991)。張力等(2022)也認為,士氣能讓個人樂於工作,促進對工作的投入動機,以及對組織的忠誠及群體精神的重視,士氣就是所表現出精神狀況與組織內的心理狀態所加總而成。綜上所述,士氣有兩種涵義:1.就個人而言:士氣代表一種個人需求的滿足狀態,高度士氣就是個體心理需求之滿足,並認為此種滿足,乃源自於團體目標的實現;2.就團體而言:士氣代表一種精神,即每一個人都願意為實現團體的目標而投入。

原則上,教師擁有高度的士氣,也將是一位較好的教師,學生的學習成就同樣會受到教師士氣的影響(吳清基,1990),因為這一種情形就代表了一個人的生理與心理狀況。總言之,教師的工作士氣係指「教師在

學校組織中，所表現出對於工作投入、團隊精神、組織認同、工作滿足的感受程度」（張力等，2022；謝文全，1988；楊樹槿，1991；Robbins, 1998）。一個高昂士氣的學校組織，通常有下列的內涵：

一 組織認同（organizational identification）

士氣的概念強調的是個體對組織的整體態度，而不是個別的觀點，也是社會心理學家所稱的「我群意識」（we-group consiousness）；簡單來說，就是一種願意與組織榮辱與共的想法，個體在認同組織的情況之下，就會將組織的目標內化形成個人理想與努力方向。故組織認同是士氣的層面之一，將會影響組織目標的達成。

二 工作投入（job involvememt）

組織成員可以轉化工作的重要及價值，形成內心願意積極投入工作的態度，成員擁有工作投入的想法後，不會計較自己付出的心血及費用，而是主動享受投入工作的過程。所以，工作投入為士氣層面之二，也會影響工作的績效。

三 團隊精神 （team spirit）

士氣的存在價值之一，就是強調人與人之間的團隊互動，以及個人與團隊之間的合作努力，也因為著重互動的關聯性，所以可以引導成員著重於團隊的目標、組織的利益為首要考量面向，面對組織的困難，也願意思考如何透過合作的方式來加以解決，共同享有努力的成果。故團體精神是士氣層面之三，不同的高低程度會影響工作的成效。

四 工作滿足（job satisfaction）

　　士氣本身是一種心理的狀態，特別是在個人的需求獲得滿足之後，就會產生士氣。舉例來說，老師在學校服務時，其努力的成果如果獲得校長、家長或同仁的認同，進而得到無形的精神或有形的物質肯定，自己又能夠滿意所獲得的回饋，此時就會持續呈現良好的工作績效。所以工作滿足亦可列為士氣層面之四。

第四節　設計激勵的工作

　　教師於教學過程中，依據其工作領域及特性，應該具有不同的專業素養，工作特性會影響成員之工作滿足、士氣、成就等。工作特性之研究係濫觴於1960年代Turner與Lawrence之研究，其研究目的，在於發現不同工作對工作滿足及缺勤率之影響（榮泰生，1998）。而工作特性模式（job characteristics model, JCM）則是由Hackman和Oldham（1976）所提出來的概念，共建構出六個層面：技術多樣性（task variety）、工作完整性（task identity）、工作重要性（task significance）、自主性（autonomy）及回饋（feedback）等層面（Robbins, 1998）。茲以此觀點，描述激勵教師的工作特性：

一、技術多樣性：教師從事教學設計、輔導學生學習時，皆需不同的專業技術與活動。以教學而言，教師需要多元的學科專業知識、心理學知能、教室布置能力、班級經營之管理能力等，教師要有不同專業來完成教學工作之多樣性。

二、工作完整性：教學工作具有完整性，需要整體觀點加以完成，例如：班級經營範圍，包含親師溝通、教學設計、常規輔導、教室布置、特殊生輔導等，需要以整體觀點看待班級經營的工作，可見教師的工作具有完整性。

三、工作重要性：教師之工作對學生之學習及人格發展，產生極大且重要影響。教育之本質即是人格陶冶及知能學習，教師除了要熟悉教材教法、善於教學之外，更重要的是發揮人師力量、重視學生人格成長，並發展良好的師生關係，因此教學工作是一種高附加價值之工作，其重要性不言而喻。

四、自主性：自主性係指能讓工作者有自由、獨立的決定權，教師專業自主一向是教師專業化的表徵。中小學教師工作的自主性，常受到學校行政、家長參與意見、或是相關法令等影響，但在自主性的空間之中，仍需依據課程總綱的內涵加以推動。

五、教育回饋：回饋係工作活動的結果，能呈現直接且明確有關績效之程度。由於教師工作對象是學生，工作回饋不如企業組織或產品的作業，有時需要長時間投入，才能見到成效，所謂「十年樹木，百年樹人」即是此意。同時，教師亦可從學生日常生活的觀察，發現具體的成長之處。

　　承上所言，技術多樣性、工作完整性、工作重要性等三者，較能感受有意義的工作；而具有自主性會體認工作成敗的責任；回饋性則能立即了解工作績效。換言之，如果工作者能體驗到工作有意義，且具有自主性及獲得回饋，則將擁有較高的工作滿意度，且離職率較低。如圖8-3所示：

圖8-3
工作特性模式

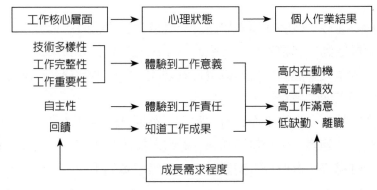

資料來源：Robbins（1998, p.519）。

綜言之，學校設計激勵之工作即是重新設計教師工作內容，讓教師感受到高度工作士氣與意義，一般共有三種選擇途徑（張文權等，2023；榮泰生，1998；Robbins, 1998）：

一 工作輪調（job rotation）

學校人員久任於原有的職位，儘管有利於例行性的行政業務穩定發展，但有可能因過度的例行化，失去創新與改變的契機。校長要適時的採取工作的輪調方式，讓主任、組長有管道參與具有差異性的工作，一方面增加行政人員的服務效能，擴大行政人員歷練不同工作經驗；另一方面也促進組織適應力，培養各級領導人才。

二 工作擴大化（job enlargement）與豐富化（enrichment）

工作擴大化是增加工作數目，而工作豐富化則在於提供成員完整工作範疇，給予成員更多專業自主權。例如：一項專案完成之後，可增加成員專業知能，獲得成長。校長要分析現有工作瑣碎部分，結合成完整與新的工作，讓教師覺得所從事的內容，是一個較能獨立自主且具意義之事情。例如：教師擔任畢業典禮的影片組工作人員，可以有權決定是否融合學生六年來的哪一些重大活動，亦或是決定影片的內容等。

三 團隊工作設計（team-based design）

團隊旨在打破科層部門之障礙，由團隊來結合不同專才成員，共同完成一項任務，亦即團隊是一群具有多元才能、高度工作士氣的個體所形成（陳玉娟，2000）。團隊能為了其組織發展，為共同目標全力以赴，在互信、互動與互助中達成目標，為其成敗負責，並能時時進修，增進專業智能，培養領導能力。例如：編輯校刊，學校可以組成一個校刊編輯團隊，結合語文、美勞、資訊等專長教師，共同完成校刊編輯，使教師從事完整且富有意義的工作。

第五節　教育行政激勵的實施原則

　　就教育或學校行政人員，必須了解到動機的意義內涵，善加運用並滿足成員需求，以激發其士氣，才會有好的領導效能。而班級導師，也是一位領導者，透過引起動機的歷程，了解學生基本需求，激發學生學習動機，強化學生自信心，才能增進教學效能。其原則概述如下：

一　改善教師工作環境，滿足其生理需求

　　在激勵教師之前，首先要思考需先滿足最基本的生理與安全的需求，才有可能讓老師朝向自我實現的更高層次目標邁進。而Herzberg也強調工作環境會影響工作之不滿足。因此，應該著重友善的教師工作環境，營造安全、健康、舒適的學習場域，讓老師感受到工作的友善程度，在此同時，也著重老師的福利、權益，讓大家感受到校園的溫馨，是值得彼此努力貢獻的地方。

二　重視教師心理需求，激勵工作士氣

　　激勵因素是影響工作滿意度的變項，所以要激發教師創造高度的教學效能，在工作上獲得意義性與成就感，校長更要運用不同的策略與方法，激勵教師的工作士氣。例如：面對老師所可能產生的問題，校長應該多採用肯定、鼓勵、讚美的方式，讓老師充滿希望，以正向的心態來進行教學的工作；再者校長也可以多視老師的專業成長需求，幫助老師參加主任、校長的甄選，激發成員的工作士氣。

三 採用人性化領導，建立組織人際溝通網絡

組織政策管理、視導的技巧均會影響工作的不滿足。對學校領導者而言，如何採取高倡導、高關懷，以凝聚團體向心力，是重要的責任。學校在新進教師進入新環境初期，可經由正式或非正式的休閒活動，幫助新進教師建立人際關係；並安排資深教師，以同儕教練的方式協助其對學校環境的熟悉、班級經營知能的增進等。校長對於新進教師的表現，應給予關懷協助，提升其參與校務的意願。

四 協助教師自我實現，追求本身專業成長

自我實現是引導教師專業成長、追求身心健康及幸福的良好方式，應該重視教師在以學生學習的本質中，激發老師專業成長，獲得成就感，讓教師感受到教育工作的真正價值，也達到自我實現的層次。職是之故，教師應經由教學的過程，內省及探究所能深刻感受的真正意義，依此進行專業成長。

五 鼓勵成員參與校務發展，推動教師社群

學校應該留意行政與教學的隔閡與許多觀點的差異，透過持續溝通，運用參與決定及建立團隊。校長應要求各單位全面參與校務，適時的轉化行政人員與教師角色，以換位思考的角度，建立適切的工作團隊，以營造良好的學習環境，推動校務工作。具體而言，校長要形成開放的氣氛、鼓勵成員時常反思舊有的觀點是否合宜，是否需要以新的視角來看待問題，激勵成員多參與教師專業學習社群，建立專業交流平台，促進工作擴大化與豐富化。

六 採用公平互惠概念，激發教師服務熱忱

參酌公平理論觀點，成員難免比較自身對組織的付出，以及從組織獲得利益之間，兩者是否對稱的關係。教師的工作動機，常是基於與同事比較之後而得，教師對學校環境、薪資福利、晉升機會感到公平滿意，自然會為服務的學校付出自己心力；反之，則可能有怠惰或異動情況發生。所以校長領導要強調對成員的鼓舞激發，採取適當的物質或精神鼓勵，更需留意制度公平及個別關懷。

七 採用正向激勵語言，建立良性互動場域

實務上，正向刺激屬於教育行政激勵的重要元素，而正向刺激最顯而易見的實例，就是正向語言與溝通，所謂正向溝通是以肯定和支持性的語言，代替負向與批判性的語言，其重要價值在於可以創造更多的「團隊連結性」，意即促進組織內外部可以進行顯性、隱性知識與情感的交流，以及組織成員間的互動，最終可以激勵正向表現（陳詠禎，2016）。

具體來說，激勵語言包括「意義建構、同理心、方向指引」等三要素（Mayfield & Mayfield, 2018），第一，就意義建構的語言，係指建立於人際互動、工作特性、工作重要性、工作認同等要素，例如：「現在一起先完成教學創新獎的初稿，只要幾個小地方再修改一下，就可以了，我們來完成共同的夢想吧」；第二，同理心語言包含同情、包容、設身處地、擬情、了解等，例如：「校長分享過去自己學習英文的挫折後，提到我知道雙語教學是一個挑戰，但我相信透過社群的力量，各位夥伴一定有所成果」；第三，方向指引的語言，係指傳達工作目標以及績效落實，例如：「校長強調學生學習的重要性，我們一起針對評量結果進行反思，將有助於學生的學習」（范熾文，2022）。

參考文獻

朱敬先（1997）。**教育心理學：教學取向**。五南。

吳清基（1990）。**教師與進修**。師大書苑。

李豐章（1987）。**縣市教育局成員士氣之研究**（未出版之碩士論文）。國立臺灣師範大學。

林志成（1990）。**動機理論對提振國民中小學教師士氣之啟示**（未出版之碩士論文）。國立臺灣師範大學。

林素真、林麗娟、方世杰、陳建智（2009）。以期望理論觀點探討部落格互動行為與滿足。**資訊社會研究，16**，33-55。

范熾文（2022）。校長激勵語言之內涵與實施策略。**教育研究月刊，343**，83-99。

秦夢群（1997）。**教育行政—理論部分**。五南。

張力、林翠蓉、羅莉涵（2022）。職場情緒勒索、人際關係與工作士氣關聯性之研究。**全球管理與經濟，18**(2)，15-32。

張文權、林明地、陳信助（2023）。「教師兼任行政工作倦怠」相關議題研究之回顧分析：以《學校行政》期刊論文為範疇。**學校行政，146**，60-87。

張春興（2000）。**教育心理學：三化取向的理論與實踐**。東華。

張春興、林清山（1986）。**教育心理學**。東華。

陳玉娟（2000）。**團隊管理及其在國民中小學運用之研究**（未出版之碩士論文）。國立臺灣師範大學。

陳詠禎（2016）。校長正向領導對學校教育品質的啟示。**教育行政論壇，8**(1)，115-132。

楊樹槿（1991）。**國民小學校長的權力類型、教師參與決定與工作士氣關係之研究**（未出版之碩士論文）。國立高雄師範大學。

榮泰生（1998）。**策略管理學**。華泰。

謝文全（1988）。**教育行政—理論與實務**。文景。

謝文全（2005）。**教育行政學**。高等教育。

Adams, J. S. (1963). Toward an understanding of inequity. *The Journal of Abnor-*

mal and Social Psychology, 67(5), 422-436.

Flippo, E. B. (1961). *Principles of personnel management*. McGraw-Hill.

Hackman, J. R., & Oldham, G. R. (1976). Motivation through the design of work: Test of a theory. *Organizational Behavior and Human Performance, 16*, 250-279.

Hanson, E. M. (1991). *Educational administration and organizational behavior*. Allyn & Bacon.

Herzberg, F., Mausner, B., & Snyderman, B. B. (2010). *The motivation to work*. Transaction.

Hoy, W. K., & Miskel., C. C. (1982). *Educational administration: Theory, Research, and Practice*. Random House.

Maslow, A.(1970). *Motivation and personality*. Harper and Row.

Mayfield, M., & Mayfield, J. (2018). *Motivating language theory: Effective leader talk in the workplace*. Palgrave Macmillan.

Robbins, S. P. (1998). *Organizational behavior*. Prentice-Hall.

案例討論

教局砸1.1億 激勵教師兼行政

　　學校業務繁雜，行政人員「大逃亡」，菜鳥教師被迫「徵調」當主任或組長，桃園市政府教育局爲了解決找不到人的困境，2月1日起，國中小行政人員全面減課1到5節，增加的1.1億經費由市府買單，希望能鼓勵教師兼任行政人員，不少教師聞言直讚：「減課有感！」大大激勵行政人員士氣。

　　近年來，各種教育評鑑愈來愈繁瑣，加上行政吃力不討好，雖有提供每月4,990元的加給，但老師兼行政，勢必面臨「一放假就加班」、寒暑假泡湯等問題，導致發生「行政荒」，找不到教師願意兼

任主任、組長等職務。

　　教育局接獲桃園市中小學校長協會反映後，苦思對策，決定從每星期的授課節數下手，下個月開始，國中主任減授1至4節、組長減授1至2節，國小主任減授1至3節、組長減授3至5節，同步調降藝文及綜合領域專任教師授課節數1節，國中和國小端分別有1,731位和2,030位教師受惠。

　　教育局估算，國中和國小平均每星期多釋出2,231節和6,608節，將由校方協調校內其他老師授課，鐘點費分別需要3,193萬和8,330萬元，教育局全額編列，希望提升行政效率、增進參加意願，也能提高教學品質。

資料來源：中時新聞網。**學校行政人員「大逃亡」**。下載自https://www.chi-
　　natimes.com/newspapers/20160119000560-260107?chdtv

討論問題

1. 請討論面對行政大逃亡的困境，除了薪資的結構層面之外，校長還可以發揮哪一些激勵的作為？

2. 請討論中層領導者本身或教師個人，如何發揮自我激勵以及激勵學生的作為？

3. 請討論教學組長如果要鼓勵教師社群參與雙語教學計畫，應該如何運用激勵語言？

考古題

---

1. 請綜合公平理論（equity theory）與期望理論（expectancy theory）的論點，申論教育行政人員宜如何有效激勵成員的工作動機？（99年特考）

2. 教育行政激勵的方法有哪些？正向領導（positive leadership）的意義內涵為何？如欲建構校長正向領導模式，可採行哪一些階段和步驟？（101

年高考）

3. 在激勵的理論類型中，何者屬於程序理論？（102年教師檢定）

4. 簡述Herzberg激勵因素與保健因素的意涵。請運用該理論舉兩項做法，並說明所舉做法如何有效提升教師兼任行政工作之意願。（113年教師檢定）

GPT輔助自主學習的關鍵提問

· 根據案例問題，試著用GPT軟體平台，設計一些激勵語言，來鼓勵老師們參加雙語教學計畫。設計好之後，看看這些語言是不是符合激勵的原則，再和GPT聊聊，是否可以再找到新的點子？

【學習概念：跨域整合】

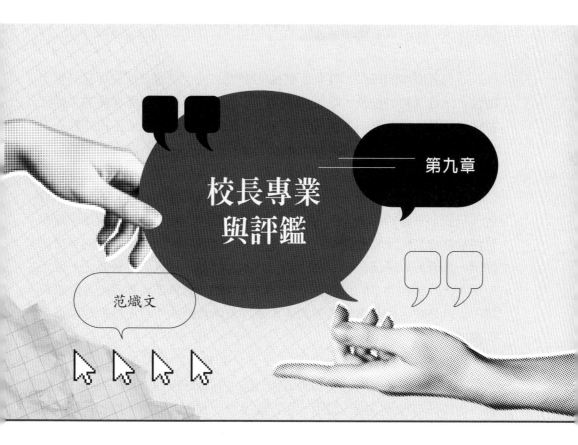

第九章

校長專業
與評鑑

范熾文

　　本章旨在分析校長專業角色、培育、遴選與評鑑之相關概念。共分五節：第一節是校長專業的重要；第二節為校長專業角色與能力；第三節是校長培育制度；第四節論述校長遴選制度；第五節探究校長評鑑的意涵與模式。

第一節　校長專業的重要

「有怎麼樣的校長，就有怎麼樣的學校」，一語道破校長專業的重要地位。一位成功的校長，除了要具備法職權外，尚要具備管理能力、操守聲望、專業形象、魅力願景，才能勝任而愉快。可見校長所抱持的教育信念與展現的領導作為，皆深深影響一所學校的成敗，校長除了法定權力之外，專業、參照、獎懲方面的權力，皆是不可或缺的關鍵。

校長本身所展現的領導作為，應該是一種專業化的工作，學校的領導者不只要有正確的領導作為，也要有相當豐富的知識基礎，特別是學校乃是傳承社會文化及知識傳遞的重要場域，學校的任何顯性或隱性的舉措或標準，都需要以專業化的領導作為，方能發揮最大的效果。更甚之，在現今民主化及權利共享的學校脈絡之下，校長的領導專業更需要融合教學專業，也就是說，校長應該重視如何扮演好首席教師的定位，發揮教學領導的價值與功能。

國民中小學校長的領導素質，一直受到學者的重視，而校長領導所衍生的相關問題，也開始受到研究與討論。綜觀國際發展，歐美等先進國家，對校長培育、遴選、證照、與評鑑早有一套運行制度，例如：美國長期推動校長專業培訓、在職進修及專業證照的制度，美國向來自居於領導世界的地位，也是早期在教育領域中，建立校長專業標準的開端（程煒庭，2020）。

我國方面，從1995年公布實施《教師法》以來，教師即有權組成學校教師會，參與各項教師職位及維護自身權益，改變了校園的權力生態。再者，1999年新頒的《教育基本法》及修正的《國民教育法》，更擴大家長參與校務的權力，讓學校領導者面臨更大的挑戰，亦即唯有受過專業培訓及擁有專業知能的校長，才能從容面對社會快速的變化，以及學校內部與外部的不同問題（張德銳，1996）。再者，1999年《國民教育法》修正通過之後，校長任職的方式改為委員會遴選制度，本質上，校長遴選制度重要的目標，應該是希望能夠透過民主化的公平程序，以科學、客觀的途

徑，依據學校的需求，遴選適當的校長，然而就近幾年來實施的狀況，產生不少問題。誠如何美瑤與何俊青（2020）指出，各縣市校長的遴選，仍有許多尚未完備之處，很多校長會覺得似乎像是市場中的貨品，所以多數校長對遴選持抱持著消極又不得不面對的態度。

　　事實上，校長培育制度、遴選制度與評鑑制度需一起全方面規劃，一方面促進校長領導的專業素養；一方面也提升學校改革。未來教育行政人員的培訓與改革，應該以系統性的觀點，包含了培訓、甄選、評鑑、任用、證照到持續性的專業發展，聚焦於如何確立專業知識基礎、發揮專業素養、提升學生學習成效、促進學校革新，才能屬於一位專業人員。綜合上述，可見校長專業的重要性，包括「就領導權力的發揮」、「以首席教師的定位」、「在遴選制度的調適」、「對學校革新的影響」。

第二節　校長專業角色與能力

一　校長的專業角色

　　角色是社會中某一職位、身分者所應表現出的行為模式，故自有其規範與倫理。就教師的角色，有其獨特的社會形象與行為表現，但在現代社會的變遷中，教師面臨到許多角色衝突的現象，同樣校長也面臨許多環境變革的壓力。1995年《教師法》施行之後，中小學組織面臨許多重大的革新，如教師會的興起運作、教師評審委員會的實行、家長會的參與以及學校行政程序轉化等，促使學校權力生態產生變化。傳統上，學校組織是以校長領導為主，校長擁有極大權威，但是面對學校組織變革，校長必須接受行政領導需要不斷轉化的現況，適切改變自己的領導角色與模式。

　　所以因應民主化、自由化、多元化的新趨勢，校長為了成為有效能的領導者，應該扮演包含行政管理、課程教學、績效評鑑，以及溝通激勵、學習成長、公共關係等顯性與隱性的角色（江文雄，1999；張文權等，

2017；張文權、范熾文，2022；Deal & Peterson, 1994）。如下所示：

㈠ 管理者角色

學校是正式組織，有其科層體制的特性，許多人事任用、設備採購、課程實施等工作，有待校長規劃與執行。校長是學校行政的領導者，對於設備管理、課程教學、輔導管教等政策或法規，不僅要嫻熟，更要有效加以管理。

㈡ 教學領導角色

教學實屬學校辦學的核心項目，學生的學習成效必與教師的教學作為有高度的相關性，而校長只要聚焦於推動教學方面的相關作為，皆可歸屬於校長教學領導的概念實踐。換言之，校長教學領導的面向，包括建立良好的教學環境、營造正向的學習氣氛、共備教學的方法、分享教學的經驗、落實評鑑的效果等。

㈢ 課程領導角色

校長負責推動中小學新課綱政策的執行，所以校長應該要轉化為課程領導者，規劃學校本位課程發展的決定方式、課程發展模式、學校成員的參與、成立學校課程發展委員會，規劃學校本身課程發展的內涵等。

㈣ 激勵者角色

學校組織乃是由人所形成，校長應多用公開積極的讚揚、肯定語氣、激勵語言的原則來鼓勵教師。同時肯定教師之工作成就，不管在教學上或是參與行政上，正面肯定教師之成就與貢獻。

㈤ 學習者角色

「學習型學校」的概念旨在提升學校教育的品質與效能，是國內外學校追求革新的訴求之一。要建立學習型學校，校長自己的學習行為即應該展現學習的典範作用，才可以進而正向帶動教師和職員的成長。可見，校長角色應轉型為學習者，面對新興教育議題，願意不斷精進專業知能，時常研究教育問題與策略，做好革新校務的工作。

㈥ 公共關係角色

　　教育是為了滿足社會需求及培育社會人才的重要場域，所以學校組織當然與社會互動非常密切，校長應有前瞻性思維，與利害關係人建立良好的關係，才能相互交流與資源共享。包括家長資源的運用、社會資源的整合、社區特色的結合等方面，期望能共創雙贏，建立學校與社區共榮的局面。

㈦ 文化塑造角色

　　透過良好的學習模式，可以產生優質的學習文化，而透過文化的營造，也有助於建立優質的學習氛圍，可見文化與學習兩者息息相關。詳言之，學校是教育機構，良好的學校文化會對教師教學與學生學習行為產生規範的效果，而透過人造器物的設計、價值觀的形塑，一步一步內化為基本假定，是校長的重要任務。

■ 校長的專業能力

　　隨著社會的發展與分工的細密，高度專業化已成為現代社會的主要特徵，現代的社會愈來愈強調專業工作的重要性（Duke, 1990）。以國外而言，美國教育制度非常強調教育人員培育與專業發展，自1990年代起，例如：美國學校行政人員協會（American Association of School Administration, AASA）、美國小學校長學會（National Association of Elementary School Principals, NAESP）及美國跨州學校領導者證照聯合會（Interstate School Leaders Licensure Consortium, ISLLC）等，紛紛訂定校長能力指標，作為校長培育的指標，而提出的能力，皆共同指出校長所需能力，包括「領導、管理及行政」三大向度（洪梅炤，2002）。依此，再綜合學者觀點（林文律，2001；林棟樑，2004；洪梅炤，2002；范熾文、張文權，2016；秦夢群，1999；Bush, 1998; Lewis, 1997），進而闡述校長的專業能力，如下所示：

(一) 對教育問題具有反省批判能力

長久以來，學校組織在官僚體制的運作下，學校行政人員思想受到工具理性影響相當大，凡事講求效率，只要遇到倫理的問題，會直覺性以傳統習慣及思維加以處理，即讓學校問題重複性的發生。而反省批判能促使行政人員能意識到學校充滿政治與社會的衝突課題，察覺出權力、意識型態與利益的糾纏，所以反省批判能力是校長應具備的能力。

(二) 對家長與教師有良好溝通能力

行政學者Simon說：「沒有溝通，就沒有組織。」可見溝通深深影響組織的發展。學校從家長、民意代表、教師、職工至學生之間，充滿許多差異與意見，需要作有效溝通，才能獲取共識。由於學校教育目標在於培養健全人格之學生，行政的溝通本身並無目的，其真正目的在於學生學習與教師教學。所以行政溝通應是一種手段，經由理想的言談情境及理性討論等條件下，達成學校教育的目標。

(三) 具有學習各項新知識的能力

學校是傳承知識的場域、研究創新的園地，需要抱持創新的概念，方能建立學習型組織，以迎向未來社會變化。學校行政人員的學習能力與營造學習型學校有密切相關，因為一方面有助於增進本身專業素養；另一方面，對於同儕專業的成長，也屬於一種示範作用。是故，校長應成為學習者，帶動組織的學習。

(四) 具備資訊通訊與網路的能力

隨著網際網路、人工智慧等概念的興起，學校組織也受到相當大衝擊，從組織運作、課程發展、學生學習，都產生重大改變。職是之故，校長需要具備使用科技的能力，能充分利用資訊及通訊設備，建置學校顯性及隱性的知識網路交流平台，做好知識的產出、分享、實踐與轉化，進而發揮於組織的革新。

(五) 具備政策決定能力

決定是學校行政單位的核心功能，也是學校行政人員在每天工作中，

所要執行的主要任務。換句話說，校長所作任何決定，都會與學校行政每一個歷程運作有所關聯性，也會影響到教育目標的達成，可見決定能力對學校行政人員，至為重要。面對學校內外許多的問題，校長需視不同情境特性，進行適切的決定。

(六) 具備校務發展與規劃能力

規劃能力係指為了讓學校教育發展擬定一套完整的計畫，校長要有規劃能力，參照學校發展願景、教育政策、學區資源、教師專長，規劃出校務發展藍圖，訂定短、中、長期校務發展計畫。然後各處室依校務發展訂出年度計畫目標，定期檢視實施情形，對於無法完成之內容，訂定替代方案，重新評估執行。學校要有完整校務發展計畫，才能逐步推動各項措施，提升學校效能。

(七) 具備教育評鑑與改進能力

評鑑在於蒐集資料，分析了解現況，以作價值判斷與決策參考之歷程，可謂是掌握教育品質的機制，學校行政人員要有評鑑能力，才能了解學校辦學績效，作為校務改進之依據。學校行政人員可由校長、各處室主任組長及教師代表組成自我評鑑小組，負責辦理校內評鑑；也可由學者專家擔任召集人，進行外部評鑑。

(八) 具備公共關係及行銷能力

公共關係是教育行政重要一環，學校是社區與社會的一分子。公共關係最重要的概念，即是維持良好人際關係與社區互動。因此，學校行政人員要增進與學生、教職員工關係，有良好密切人際關係，才能相互交流。此外，校長要適切透過多元的管道，呈現出學校績效，尋求家長認同與回饋。

(九) 具備危機處理能力

現今學校組織所面臨的社會環境，異於往昔，學校所發生的危機事件層出不窮，如性騷擾事件、飆車、吸毒、溺水、交通事故、實驗室意外等，這些事件如不能有效處理，不僅影響校譽，更可能危及學生生命安

全，造成無法彌補的缺憾。危機管理的有效發揮，實需體認到這是一種龐雜及動態的決定過程，危機管理必然為校長不可缺少的能力。

第三節 校長培育制度

一 校長培育制度之概念

以往校長培育並未受到重視，倒是校長甄試成為關注的焦點。例如：部分縣市校長甄選相當激烈，為了參加校長考試，參與各種研習班，或是修讀研究所教育行政課程，或是組成讀書會，自行研讀書籍期刊，這些教師努力的方向都放在如何通過校長甄試，對校長培育這塊領域，似乎不及校長甄試來得重要。人才培育最佳方式即是教育與訓練，培育是指培養教育之意，教師培育即為使有志從事校長職務之教師，經過有系統的專業訓練，以成為卓越學校領導者。「校長培育」，英文為principal preparation，或preparation of principal。就校長培育概念而言，國內一些學者有不同看法，一套完整而理想的校長專業培育制度，應該包括職前專業的養成教育及在職教育（謝文全，1999）。

根據林文律（2001）、蔡秀媛（2002）、謝金青（2004）觀點，校長的培育是十分關鍵而龐雜的制度，建構校長培育的制度，應圍繞著如何促進校長專業化為核心，廣義的培育包含職前的專業培訓、實習、導入輔導以及在職的進修課程，亦即從師資培育到從事校長職務生涯的歷程；狹義的培育係指職前教育及實習儲訓，亦即在甄選階段時，甄選出合宜或具潛力，足以擔任教育領導的角色者，而儲訓階段則是指藉由養成教育的課程加以培訓。校長培育的歷程，應是「培育階段—甄試儲訓階段—導入教育—進修」的完整歷程，原因為校長是學校領導者，攸關學校辦學成敗，校長培育訓練之規劃，應以達成專業化與卓越為目標，自然要以長遠觀點論述，從職前教育，包含人才培育，再至甄試儲訓階段、準校長實習訓練，接著是初任校長輔導歷程。

■二 我國校長培育制度問題之省思

中小學校長培訓在早期階段，包括臺灣省國民學校教師研習會、臺北市教師研習中心、臺灣省中等學校教師研習會、高雄市政府公教人力資源發展中心。現在，除縣市自己培訓之外，大多委託國家教育研究院培訓。歸納學者觀點（林文律，2001；秦夢群，1999；范熾文、張文權，2016；陳世哲、劉春榮，2005；符碧真，2001），提出幾點省思如下：

(一) 委託培育機構不盡相同

自1999年《國民教育法》修正後，現階段國民中小學的校長甄選、儲訓、遴選、聘用，皆都經由各縣市政府（教育局處）來負責辦理，因此所培育歷程可以說是不盡相同，校長培育於各縣市的實施方法方面，有些委由國立教育研究院統一辦理，有一些委託公務人力發展中心實行，或縣市委託大學辦理、自行規劃與設計儲訓的專業課程等。

(二) 校長培育課程偏重專家講述理論

一般而言，各種領導理論、課程發展或教學方式名詞，參與成員耳熟能詳，太多名詞講述，對成為校長領導特質及成效作為，助益不大，實需以領導素養為焦點，思考如何進行培訓。

(三) 實習課程偏重見習參觀

實習可謂是校長培育之實踐，許多專業人員如醫生、建築師，都必須經過一段時間之臨床實習，藉以結合教育理論與實務工作。現階段培育欠缺一套完整有系統的實習階段，有些安排到縣內外具特色學校進行參觀，撰寫心得就結束課程；有些安排至其他學校見習校長之行政作為，在深度與實務上，都較顯不足。

(四) 參與校長培育的甄選

參加校長培育的教育人員，大多是資歷、經歷與服務成績優良，再經過筆試、口試，才有機會錄取。但是否將來適合擔任校長一職，其人格特質適切與否，也需要有所關注。所謂「校長職務性向」之預測，是否可以列為未來探究的焦點，也值得省思。

(五) 校長培育時間並未妥善規劃

由於參與校長培育人員仍是現職教師，在培育時間上，各縣市作法也不一。以花蓮縣為例，校長儲訓係委託國立教育研究院辦理，主要是集中培訓的模式，總共約有八週到十週，這種短期集中培訓，很難將理論反饋於學校現場，如何規劃長期性、有系統化的課程，是校長培育重要內涵。

(六) 缺乏統一的校長專業能力標準

校長是學校領導者，就培育過程應有一套能力標準，藉以設計檢核培育課程。例如：英國有師資培訓局（Teacher Training Agency, TTA）發展出校長國家標準指標。反觀國內尚無一套完整標準，造成培育課程不同，成效也不一致。

(七) 無相關法令明文規定培育制度及證照

校長資格的規定，在《教育人員任用條例》中，只聚焦於學歷與經歷的規定，對於培育的過程則未有規範，此外，對中小學校長證書，亦未有規定。美國中小學教師欲擔任校長者，都要先取得證書，才能申請校長職。反觀國內，中小學教師均需依《教師法》規定，修畢專門、專業與實習課程，接著參加教師檢定考試，才能取得教師證，但是對校長一職之證照制度，仍付諸闕如，實需加以檢討。

(八) 導入輔導未能落實

一般而言，取得校長資格後，擔任校長的前二年時間，是初任校長最感到困擾的時候，因為經驗不足，對於家長會與社區公關運作、教職員工的領導作為、民意代表的關說等，形成許多工作壓力。秦夢群（1999）就提出，零碎拼湊的課程，很難讓校長習得教育行政相關知識與理念。因此，在校長培育歷程，必須詳細規劃初任校長之導入輔導。

第四節　校長遴選制度

　　自1999年《國民教育法》修正通過之後，以往由政府官派校長任職的方式，改為委員會遴選制度的實施，正式宣示國民中小學進入嶄新的校長遴選新時代，讓校園民主向前邁進一步。茲就校長遴選目的、任用方式與改進措施，說明如下：

一　校長遴選制度之目的與任用方式

　　校長遴選應該包含「甄選」和「選擇」兩種功能，前者是「汰劣」，後者是「擇優」。校長遴選最主要目的之一是擇優汰劣，在於多元取才、民主開放、教育革新、發揚優質校園文化，讓優秀的人才更有機會為教育奉獻更大的心力。綜合學者觀點（何美瑤、何俊青，2020；秦夢群，1999；謝文全，1999），中小學實施校長遴選制度的目的，包含：

㈠ 促進校園文化革新

　　由縣（市）政府或直轄市政府教育局組織遴選委員會，有教師會和家長會的積極參與運作，選出符合學校實際需要的校長，進而達成教育系統的多元化目標，加速校園民主化腳步，提升校園共同參與的功能。

㈡ 建立長久遴選制度

　　遴選主要目的是為學校選出合適領導人才，要建立長久制度，以改變校園生態，建立優良文化。因此教育行政機關實施遴選之決定，需充分了解與制定優良辦法，來決定校長遴選的運作型態。

㈢ 提升辦學特色與績效

　　由於《國民教育法》規定校長四年為任期，而且最多只能連任一次，藉由校長與行政人員的經驗傳承與不斷換血，或任期制的時間壓力，以增進新任校長創新與革新，減少教育行政僵化與慣性的發生。

㈣ 轉化領導態度與角色

透過遴選來轉化校長領導角色，提升參與者民主的素養，期望以寬闊的心胸，積極注重溝通與協調，擴大成員參與校務，使決策更加公開化、透明化，並能以真誠的心對待別人，傾聽師生的心聲。

其次，有關校長的任用方式，依照《國民教育法》第13條規定，摘錄概述如下：

1. 學校置校長一人，且需「專任來綜理校務」。

2. 直轄市、縣（市）立學校校長，由「直轄市、縣（市）主管機關召開遴選會，就公開甄選並儲訓合格之人員、任期屆滿或連任任期已達二分之一之現職校長或曾任校長人員中公開遴選，並擇定一人後，由直轄市、縣（市）主管機關聘任之。」

3. 公立師資培育之大學附設實驗國民小學、國民中學校長，由「公立師資培育之大學組織遴選會，就該師資培育之大學、該大學附設之實驗國民小學、國民中學或其他學校校長或教師中遴選合格人員，並擇定一人後，由公立師資培育之大學校長聘兼（任）之，並報主管機關備查。」

4. 第二項及第三項遴選會，應有「家長會代表、教師會或教師代表參與，其比例各不得少於五分之一，任一性別委員人數不得少於委員總數三分之一。」

由上述規定可知，校長遴選委員會已經成為校長遴選的決定單位，其委員之組成與運作方式，成為此制度成功之關鍵。

■二 中小學校長遴選之改進措施

校長遴選與校長專業發展的趨向，兩者之間息息相關，因此擬定優質及公平的校長遴選制度，應是重要的思維，茲就幾點建議改進措施，說明如下：

㈠ 強化遴選委員會專業性及代表性

遴選委員包含教師代表、家長代表等，可由各類團體互選推薦產生，教師代表則由教師會自己遴選產生，家長代表由校、縣家長會委員會選

出。在舉行校長遴選會議之前，需先召開遴選說明會，公開相關資訊，建立遴選共識。

(二) 舉辦出缺學校遴選實務座談會

由教育當局定期舉辦出缺學校遴選實務座談會或委由教育專業團體來辦理，讓出缺學校表達校務現況、問題與需求，同時讓家長、教師了解遴選之目的、程序及注意事項等，才可以遴選出實際符合學校需求的領導人。

(三) 把握遴選目的，發揮擇優汰劣之精神

遴選目的乃是在具有校長資格候選人當中，遴選出最符合出缺學校需求的領導者，此外也要淘汰不適任校長。因此得酌予增加面訪或訪查候選人的不同資料，必要時得邀請候選人出席說明或簡報，把握擇優汰劣之精神。

(四) 充分發揮校長辦學績效評鑑利用

《國民教育法施行細則》第11條規定，「現職校長經評鑑績效優良者，應考量優先予以遴聘。」因此，各縣市政府應該研擬相關辦法，視相關專業知識基礎，積極的辦理校長辦學績效評鑑。凡辦學績效評鑑結果不佳者，均應列入遴選委員會重要參考資料，評鑑結果不佳者，不應續任校長，讓更優秀之人員擔任校長職務。

(五) 遴選過程要採人性化措施，尊重候選人

《國民教育法》修正後，國中小校長由過去的官派改為遴選，但是卻也發生評鑑優良的校長沒有參加遴聘。校長遴選過程，校長深感不受尊重，受到委員責難或冷嘲熱諷，致使優秀校長感到屈辱而不願再加入遴選過程，這是教育人才的損失，所以在遴選過程應尊重校長，採取人性化措施，並健全回任教師的機制。

第五節　校長評鑑的意涵與模式

一　校長評鑑的意涵

　　評鑑的目的，一方面是針對個體的優缺點以及原因，進行分析與了解，另外一方面也可以作為後續改善計畫的基礎，讓組織的工作及品質精益求精。因此，所謂校長評鑑乃是針對校長辦學績效進行價值判斷的過程，在此過程中，應依據縣市政府擬定的規準，藉由客觀的過程、系統的觀點，深入蒐集受評者的相關資料，再透過反思、對話或專家的檢視，發掘校長領導的長處及缺失，最後深入分析問題的原因、因應策略，以促進學校的發展與全方面的進步。

　　此外，郭工賓與郭昭佑（2002）也認為校長評鑑的目的，主要著重於幫助校長自我的成長與學習、改善工作品質及提供給教育行政機關決策的參考。所以，綜合相關文獻（吳清山，2021；郭工賓、郭昭佑，2002），提出校長評鑑之內涵，分別為：

(一) 校長評鑑是對個體加以審慎的評析

　　評鑑應該對於受評鑑的個體仔細、審慎的分析。換言之，因為評鑑的結果會對親師生產生重要的影響，所以評鑑的態度應該相當嚴謹，並以公正客觀的角度進行。

(二) 校長評鑑是量度得失及究其原因

　　評鑑不只是要「知其然，更要知其所以然」，也就是強調評鑑應透過目標與結果的對照，找到差異的現況與原因，依此促進校長自我專業成長以及學校整體發展。

(三) 校長評鑑旨在決定如何改善缺失

　　評鑑的重要目的之一，在於改進缺失，猶如醫生針對病情所開出的處方，評鑑應就學校實務的現況以及待改進的方向，提出具體及明確的回饋，對學校經營及校長辦學才有實質的效益。

二　校長評鑑的模式

依據評鑑的意義，當前已有相關學者提出不同的評鑑模式，期望可以將評鑑的落實予以系統化，茲就近年來，學校行政與校長領導相關的幾種評鑑模式，說明如下：

㈠目標模式

目標模式的基本假定，在於組織應該主動追求目標的設定，所謂組織目標達成的程度，即為代表組織所具有的效能，例如：《國民教育法》即規定，「國民教育以養成德、智、體、群、美五育均衡發展之健康國民為宗旨」，此即為政府擬定的目標。而各校依據學校發展的特性，也會擬訂更具體的學習目標，實務上經由常模或效標參照成績測驗，來評量學生的基本學力，這就是目標模式的概念（吳清山，2021）。

㈡參與滿意模式

參與滿意模式重視在衡量組織的效能時，應該著眼於「成員的滿足程度」，也就是說，當組織的活動，可以產生對於成員有利的影響，組織重視的目標才有意義性。換言之，評量組織效能的首要指標，就是組織成員所產生的滿意程度。這也如同人際關係學派當中所重視人的需求，以人的最大滿意感受，作為促進組織生存與發展的重要條件。具體而言，包括學生對課程的滿意度、行政服務滿意度、學校系統開放的滿意度等（吳清山，2021）。

㈢CIPP模式

CIPP評鑑模式係指「背景評鑑（context evaluation）、輸入評鑑（input evaluation）、過程評鑑（process evaluation）、成果評鑑（product evaluation）」四種評鑑方式的縮寫，是目前國內應用相當廣的教育評鑑模式。其主要的架構，包含了透過背景以擬定目標，由輸入來檢視實施的方案，讓過程來指引方案的實施，依據成果列為評估績效的來源，檢核評鑑目標與結果的落差。Stufflebeam為CIPP評鑑模式的主要設計者，其主張「評鑑最重要的目的在於改進，不在於證明」，然而，評鑑除了包括改進

的功能以外，評鑑還是具有列為證明、因果功能的用途，意即評鑑作為證明的價值，並沒有受到排除（秦夢群，1999；賴志峰，2009）。以學校發展校訂課程為例，「背景」係指學校願景、教師社群運作；「輸入」類似於社群會議、課程共備紀錄；「過程」係指教師社群歷程、公開授課；「結果」類似於學生學習滿意度、教師反思、社群運作成果等。

㈣ 消費者導向模式

　　Donaldson與Scriven（2003）指出，跨領域結合是評鑑所具有的多元概念，在評鑑重視社會互動與多元發展的趨勢下，消費者導向評鑑（consumer-oriented evaluation）應屬近年來重視的評鑑模式之一，因為此模式聚焦於以「消費者的需求」為重心，重視創造消費者的多元價值，同時也具有服務等用途，可見消費者導向模式對於學校組織是否滿足消費者的需求，有其重要的引導價值（張文權等，2016），例如：校長辦學是否符合學生學習的需求、家長的期許，或者是否有解決教師專業發展的困境等。

㈤ 後設評鑑

　　在校長評鑑的推動之際，「後設評鑑」（meta-evaluation）的概念也不可或缺，所謂後設評鑑係指聚焦於評鑑本身的檢討及回饋，Scriven為最早提出此名詞的評鑑學者，Scriven認為後設評鑑就是所謂「第二層級評鑑」（second-order evaluation），亦即「評鑑的評鑑」。由此可知，一個評鑑方案，所關心的對象，除了「受評者」本身以外，還有包括評鑑自身的相關概念，例如：評鑑規劃、評鑑人員、評鑑方式、評鑑結果、評鑑分析等，一言以蔽之，後設評鑑可以說是確保「評鑑品質」的重要基礎（林劭仁，2012；劉經翰，2016；Scriven, 2009）。

參考文獻

江文雄（1999）。校長做得好，不怕被評鑑。**教育資料與研究，28**，17-21。

何美瑤、何俊青（2020）。國民中小學校長遴選制度問題之我見。**臺灣教育評論，9(4)**，19-21。

吳清山（2021）。**學校行政**。心理。

林文律（2001）。校長專業發展新取向。**學校行政，16**，2-16。

林劭仁（2012）。大學通識教學評鑑的後設評鑑研究。**課程與教學，15(3)**，53-74。

林棟樑（2004）。**國民中小學校長未來發展需求之研究：以台北縣為例**（未出版之碩士論文）。輔仁大學。

洪梅烟（2002）。**海峽兩岸義務教育階段中小學校長培育制度比較研究**（未出版之碩士論文）。國立暨南大學。

范熾文、張文權（2016）。**當代學校經營與管理新興議題：個人、團體與組織的連結**。高等教育。

秦夢群（1999）。我國校長職前教育之分析與檢討。載於國立教育資料館（主辦），**現代教育論壇（四）校長專業教育與專業發展**（頁17-25）。國立臺北師範學院。

張文權、范熾文（2022）。國民小學校長教學領導與教師專業素養關係模式驗證及教師專業素養IPA差異分析。**課程與教學，25(4)**，159-190。

張文權、范熾文、陳成宏（2017）。國民中學校長績效責任領導困境與策略之研究：質性分析取徑。**教育科學研究，62(3)**，57-93。

張文權、范熾文、潘文福（2016）。台灣國民中學顧客關係管理模式建構之研究。**教育學報，44(1)**，103-131。

張德銳（1996）。對「中小學學校之經營」之評論。**教改通訊，19**，9-12。

符碧真（2001）。美國校長與培育制度初探：兼論對我國啟示。**學校行政，12**，81-89。

郭工賓、郭昭佑（2002）。校長辦學績效評鑑意義、實施現況與指標內涵評析。**教育政策論壇，5(1)**，112-144。

陳世哲、劉春榮（2005）。我國中小學校長培育之現況與展望—以台北市立師範學院校長培育班為例。**教育研究月刊，129**，61-78。

程煒庭（2020）。美國校長領導國家層級標準發展對臺灣校長培育及專業發展制度之啟示。**臺灣教育評論**，**9**(7)，39-45。

劉經翰（2016）。建立常設且完備的後設評鑑機制。**臺灣教育評論月刊**，**5**(3)，65-69。

蔡秀媛（2002）。初任校長導入輔導制度設計理念。**現代教育論壇**，**6**，463-481。

賴志峰（2009）。教育評鑑專業化及評鑑模式的省思。**研習資訊**，**26**(1)，79-84。

謝文全（1999）。中小學校長培育、任用、評鑑制度。**教育資料與研究**，**28**，1-5。

謝金青（2004）。國民中小學校長的甄選與培訓—理論與實務觀點的比較。**現代教育論壇**，**10**，421-434。

Bush ,T. (1998).The national professional qualification for headship: The key to effective school leadership? *School Leadership & Management*, *18*(3), 321-333.

Deal, T. E., & Peterson, K. D. (1994). *The leadership paradox: Balancing logic and artistry in schools*. Jossey-Bass.

Donaldson, S. I., & Scriven, M. (2003). Diverse visions for evaluation in the new millennium: Should we integrate or embrace diversity? In S. I. Donaldson & M. Scriven (Eds.), *Evaluating social programs and problems: Visions for the new millennium* (pp. 3-16). Lawrence Erlbaum.

Duke, D. L. (1990). *Teaching an introduction*. McGraw-Hill.

Lewis, A. C. (1997). Standards for new administrators. *Phi Delta Kappa*, *79*(2), 99-100.

Scriven, M. (2009). Meta-evaluation revisited. *Journal of MultiDisciplinary Evaluation*, *6*(11), iii-viii.

冬冬國中課程評鑑

冬冬國中在新課程綱要實施後，依據課程計畫實施課程評鑑。該校邀請教育領域相關學者專家與校內成員，共同組成評鑑小組。評鑑小組研擬了一份評鑑表。評鑑過程中，依照此評鑑表，檢視教師的授課計畫並進行課堂觀察、訪談教師與學生課堂互動的感受、查閱學生成績與各項成就表現，並逐項檢視新課綱的實施是否達到預期目標。

評鑑結束後，評鑑小組除了肯定該校的努力與成就之外，在報告書上亦提到：「部分教師的授課計畫內容，仍尚未有效符應課綱訴求；觀察其課堂的實際教學，忽略學生生活經驗，亦與授課計畫內容不太相符；此導致學生的學習成果，與課綱的期望，存在某種落差。上述缺失應積極尋求改進。」

在學期末時，校長召開課發會，討論明年度課程計畫，如何根據委員的意見，調整課程目標與實施方式。

資料來源：110年度高級中等以下學校及幼兒園教師資格考試（綜合題）。

討論問題

1. 評鑑小組召集人指出，這次的課程評鑑主要採用「CIPP模式」，請寫出「C、I、P、P」四個面向的意義。
2. 依據「CIPP模式」，請針對C、I兩個面向，分別具體提出一項該校應再蒐集的評鑑資料。

考古題

1. 近年來，國民教育階段經常辦理校務評鑑，試就評鑑目的、方法、過程以及結果運用等事項，說明其內涵與實施原則。（103年高考）

2. 後設評鑑（meta-evaluation）係指對於某評鑑事項（原級評鑑）再施以評鑑（次級評鑑），以作為原級評鑑參考或改進依據。試以 2006 年至 2016年間影響頗大的教師專業發展評鑑為例，依循後設評鑑觀點進行評析，並提出其轉型為教師專業發展支持系統之建議。（111年高考）

3. 運用CIPP模式實施課程評鑑，其中有關學校課程目標的適切性，屬於何種層面的評鑑？（112年教師檢定）

4. 請說明教育行政評鑑的意義、基本原則，以及可遵守的評鑑程序。（113年普考）

GPT輔助自主學習的關鍵提問

・我們都以成為未來的優秀教師為目標，請試著用GPT軟體平台，以CIPP模式反思自己的學習背景、資源運用、學習過程中的困境與解決方法，以及學習成果。接著，再透過與GPT的問答，找出你的學習盲點，並探索更適合自己的學習策略。

【學習概念：學習策略】

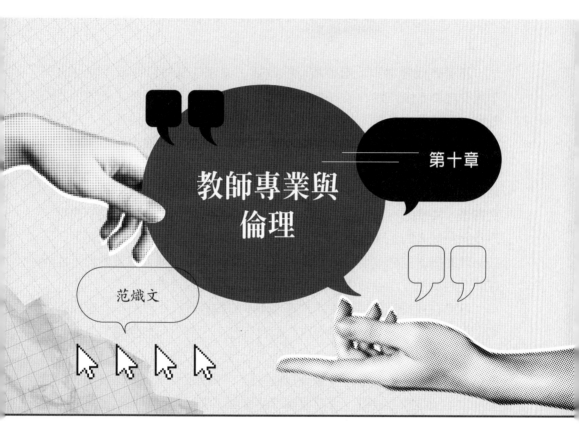

第十章

教師專業與倫理

范熾文

　　本章聚焦於探究教師專業的相關議題，包含傾向顯性方面的法令層面，以及隱性方面的倫理層面。第一節分析教師專業的重要；第二節闡述教師的權利與義務；第三節是教師專業倫理的內涵；第四節探究教師專業倫理的理論觀點與實踐方向。

第一節　教師專業的重要

　　隨著時代變遷以及價值觀念的改變，倫理成為教育專業化關注的一項重要規準。倫理代表了一種適切的認知與行為，特別學校是一種小型的社會，所遭遇的不同問題，往往會面臨複雜性、歷史性與倫理性，在面對許多兩難的困境之際，透過倫理問題，就可以避免學校發生層出不窮的問題。事實上，在學校教育之中，有許多決定行為、溝通歷程、權力運用、班級經營等，都與倫理有密切關係，所謂學校倫理的實踐，本質上就是一種關懷、憐憫的行為，在主體之間彼此依存的關係中，開展出愛的表現，以及服務他人的企圖（黃乃熒，2000），在校園倡導民主化的思潮下，學校倫理的概念位居重要地位。進言之，教師如果可以擁有專業倫理，才能在多元的師生互動場域中思辨，並展現出適切的教育作為。

　　身處在複雜且重視民主的教育環境，學校教育人員要有多元哲學涵養與正向教育理念，才能展現優質的教育行為。尤其當前校園權力生態大幅改變，教師組織專業團體，要求教學專業自主，家長組成家長會，要求積極參與校務發展等，這一些聲浪日益提高。學校教育人員不僅要面對組織外在政治及經濟之挑戰，更要發揮專業倫理，滿足服務對象的需求，來解決各項價值問題。上述可見，在學校內，許多運作環節皆與專業倫理息息相關，包括民主社會、教師團體、家長參與、社會期望等，再加上當前學校外，更有許多專業團隊需要互動協調，也都需要專業倫理的發揮。

　　相對而言，法律是最低限度的道德，「依法行政」可以說是教師及行政人員在學校進行各項作為的基本標準，包括教師的輔導管教、學校行政人員的採購案、教師的請假手續、教師的在職進修、校長的裁量權等各方面，可見法律足以被稱為學校運作的重要基礎，藉由法律的推動，可以引導教師在專業實踐上，有所依循的方向，進一步產生教師專業的價值。張文權等（2023）研究即指出，形成教師兼任行政倦怠的原因之一，在於行政工作的權責不清，在法令不清楚或不明確的困境下，往往導致教師可能面臨權責不清、不斷衝突等情形，繼而產生不願意擔任行政工作的困境。

循此而言，激發出教師的專業，固然是學校發展的重要關鍵，但如能從法制面確立教師的權利與義務，應該對於促進教師專業，有其相當助益。

依此可知，教師是扮演促動學校教育發展的重要角色，確立法律方面權利與義務的相關議題，可以說是發揮教師專業的基本所在，也可以稱為教師專業發展的根基；在此同時，在校內外趨勢的發展下，專業倫理具有價值、道德、民主、規範等諸多重要意義存在，更屬於教師彰顯其專業價值的重要指引。

第二節　教師的權利與義務

「權利」係指國家憲法和法律所賦予並保障人民的許多不同權益。「義務」則是指國家要求人民必須負擔的某一種責任。這種責任既不能推卸，也不能違反的，是由國家的強制力量來保證實施。也就是說，人民必須負擔法定義務，否則國家就要強迫人民去履行（王煥琛，1996；楊明家，1996）。

一　教師與勞動三權

教師工作屬於一門專門的職業，是否參照勞工等職業類別，享有結社、團體協約與爭議權。綜合文獻，加以說明（丁志權，2018；朱玉仿，2010；范熾文，2002；陳順和，1992；邢泰釗，1999；許慶雄，1999）：

(一) 結社權（團結權）

我國《憲法》第14條規定：「人民有集會及結社之自由。」所謂結社權，也稱團結權，係指勞工為了維持或改善所勞動的相關條件，以實行團體交涉為目標，進而組織或加入工會的權利（許慶雄，1999），可知團結權屬於勞工最基本的權利。另依《人民團體法》第4條規定：「人民團體分為職業團體、社會團體、政治團體」三種。其中職業團體是由從業人員

組成之團體，以協調同業之間的關係，以及增進共同利益為主要目標；而社會團體就是一種由個人或團體所組織的團體，主要聚焦在醫療、衛生、學術、藝術、文化、社會服務或其他公益為目標；至於政治團體則以共同民主政治理念，由國民組成之團體。依據不同的目的，如果將教師視為一種職業，而教師本於促進共同的工作利益來形成團體，以維持或改善教師的勞動條件，則其主要的目標應與職業團體的特性契合。

2010年《工會法》修正公布，規定教師得依「工會法」組織及加入工會。同時，《教師法》也大幅放寬對教師組織的限制，依該法第39條規定，「教師得依人民團體法規定向該主管機關申請設立教師會」，這與許多國家，包括美國、德國、日本肯定教師結社權的立場相近，實為民主化及進步化的象徵。且依據《教師法》第40條的規定，我國教師組織（教師會）基本任務為「維護教師專業尊嚴與專業自主權、研究並協助解決教育問題、制定教師自律公約」，可知教師會乃為專業性的自律組織。此外，教師組織是否要區分三級制？學校教師會如何積極發揮正面功能？仍需要持續深思與討論。

(二) 團體協約權 (團體交涉權)

團體協約權也稱團體交涉權，係指勞工組成工會之後，為了與雇主協約，可以自主性的推派代表，交涉有關勞動條件的相關事項，並訂定勞動協約的權利（許慶雄，1999）。因此，團體協約權存在的目的，在於形成有利於行使對等交涉的組織與力量。《教師法》第40條也有規定，「教師組織可與學校協議教師聘約事宜」，第5款更規定「可以派出代表參與教師聘任、申訴及其他與教師有關之法定組織。」可見，教師組織可以跟學校「協議」，已為「集體談判」跨出一大步。

依據《團體協約法》第2條的規定，「所謂團體協約，就是指雇主或有法人資格之雇主團體，與依工會法成立之工會，以約定勞動關係及相關事項為目的所簽訂之書面契約。」所以，「集體談判」可以泛稱為勞動團體與行政主管機關，針對共同關心的事項進行協商，達成共識並完成書面契約，列為雙方遵守的行事規範。依此可知，書面契約的完成，是集體協約的重要目標。學校教師組織可以與協商主體所協商的事項，如表10-1所示。

表10-1
協商主體與協商事項

協商主體	協商事項	
	原則	舉例
學校	屬單一學校權責事項	教師寒暑假返校時間安排、教師進修內容安排、教師教學觀摩安排。
地方主管教育行政機關	屬跨校性、地方一致性或地方財務權責事項	教師工會會所、校務會議組成、代扣工會會員會費。
中央主管教育行政機關	屬全國一致性權責事項	教育經費預（決）算之編製、教師待遇、教師聘任資格、退撫與保險、請假。

資料來源：丁志權（2018，頁58）。

(三) 爭議權（罷工權）

　　爭議權即謂罷工（教），又稱行動權，係指勞工團體為了改善勞工工作的環境、提升勞工福利待遇、制衡資方強勢的經濟地位、建立平等的交涉主導權利，所採取相關的罷工、怠工、圍堵等作為（許慶雄，1999）。同時，罷工爭議對象應該為直接的雇主，範圍也應限制於經濟上的制衡，政治目的不適合成為爭議的目標，而所謂教師的爭議權，乃是教師組織為了尋求更佳的薪資待遇與勞動條件，透過內部成員的討論決議，向雇主施予減少工作等相關行為。由此可知，爭議權並不是單指個人的怠工作為，而是指一種以勞工團結權為背景的勞工爭議權利（陳順和，1992；邢泰釗，1999）。

　　我國《教師法》對教師罷教權，雖然沒有明文的限制，但第17條第2款規定，「教師要積極維護學生受教之權益」；第3款規定「依有關法令及學校安排之課程，實施教學活動」，可見實有消極、禁止之旨義。實際上，教師罷課所產生的影響，學生的學習權利將是首當其衝，同時也會影響許多家庭，可見教師的罷教權與學生的學習權兩者環環相扣，教師的權益本來就應該受到重視，而教師工作則因具有高度的倫理性，所以教師專業倫理的展現，也是當前教師重要的責任之一。朱玉仿（2010）也指出，依據國家教育研究院調查發現，民眾多數反對教師的罷教權，但對於組織教師會來確保教師權益，則獲得多數民眾的支持。再從各國教師法制來分

析，美國各州做法不同，有的以法律規定禁止，有的以法院判決方式裁決其為違法，然而多數皆不准罷工；日本在國家公務員法及地方公務員法的規定，對於教育公務員也是禁止罷工；英國教師原則上有罷教的自由，但勞工部長如果認為罷教影響到國家安全時，可向法院申請停止最高60日的罷教命令（黃源銘，2015）。綜言之，在日本、美國及我國，多將教師罷工視為違法。整體來說，教師爭議權應可被視為確保教師權利，促進社會文明發展的重要表徵，然而如何同時保障學生學習權益以及考量社會期望，仍是未來值得探究的方向。

二 《教師法》上專業權利與義務之分析

《教師法》第1條開宗明義就指出，「教師法立法目的係指為明定教師權利義務，保障教師工作及生活，提升教師專業地位，並維護學生學習權」，可見《教師法》已就教師權利與義務提出相關規範。分述如下（石文傑，1996；范熾文，2002；陳順和，1992；楊明家，1996；蘇淑琦，2018）：

(一) 教師在《教師法》上的專業權利

依據《教師法》第31條規定，教師接受聘任後，依有關法令及學校章則，享有下列權利：

1. 對學校教學及行政事項提供興革意見。
2. 享有待遇、福利退休、撫卹、資遣、保險等權益及保障。
3. 參加在職進修、研究及學術交流活動。
4. 參加教師組織，並參加其他依法令所規定舉辦之活動。
5. 對主管教育行政機關或學校有關其個人措施，認為違法或不當致損害其權益者，得依法提出申訴。
6. 教師對教學及對學生之輔導依法令及學校章則享有專業自主。
7. 除法令另有規定者外，教師得拒絕參與教育行政機關或學校所指派與教學無關之工作或活動。
8. 教師依法執行職務涉訟時，其服務學校應輔助其延聘律師為其辯

護及提供法律上之協助。

9. 其他依本法或其他法律應享之權利。

由上述規定，可了解到教師之權利，大體包含意見表達、待遇福利、進修研究、集會結社、教學自主及權益申訴等內容，茲分述如下（范熾文，2002；陳順和，1992；蘇淑琦，2018）：

1. 意見表達權（第31條第1款）

在學校民主化的時代，老師對於學校的各種行政決定，也應該都有參與的權利；相對而言，學校行政單位也應該要鼓勵老師的參與，透過理性的溝通，建立學校發展的共識。

2. 待遇福利權（第31條第2款）

依《教師法》第36條規定，「教師之待遇，另以法律定之。」目前教育部也完成教師待遇條例，教師之待遇，都受到法律的保障。而有關退休、撫卹、離職、資遣、保險也皆有法律明定。

3. 進修研究權（第31條第3款）

進修研究是教師的權利，也是義務。各級主管教育行政機關或學校，應該積極提升教學品質，鼓勵教師運用各種合法管道進修。例如：各縣市政府成立教師研習中心，讓教師有進修場所。此外，教育部也公布《教師進修研究等專業發展辦法》，透過制度來引導教師專業的學習。

4. 參加教師組織權（第31條第4款）

成立教師組織是《教師法》的立法精神之一。依據該法第39條規定，教師組織分為三級：「在學校為學校教師會；在直轄市及縣市為地方教師會；在中央為全國教育會。」專業團隊應列為教師會的重要本質，透過專業的對話與交流，提升教師專業地位。教師組織的基本任務在該法第40條有明白的規定。包括：

(1)維護教師專業尊嚴與專業自主。

(2)與各級機關協議聘約及聘約準則。

(3)研究並協助解決各項教育問題。

(4)監督離職給付儲金機構之管理、營運、給付等事宜。

(5)派出代表參與教師聘任、申訴及與教師有關之法定組織。

(6)制定教師自律公約。

由上述法定的基本任務來看，教師組織不僅在爭取本身權益，更重要的是訂定自律公約，建立專業形象。

5. 權益申訴權（第31條第5款）

申訴與救濟是確保教師權益的重要條件，所以為保障教師權益，《教師法》也明定教師申訴及訴訟法條。如遇有權益受損之情事，可以向各級教師申訴評議委員會提出申訴，如不願申訴或不服申訴決定，也可以依法提起訴願與訴訟。

6. 專業自主權（第31條第6款）

教師的教學專業，是彰顯教師專業的重要內涵，特別是在課程的設計、教學的實踐，都需要尊重教師的專業自主權。在此同時，當前教科書的開放、校訂課程的發展、素養導向教學的理念等，都是代表教師專業需要擁有自主權的重要價值。

7. 教學中立權（第31條第7款）

教學中立權可為教師之權利，也是義務。在教師教學的過程中，需要特別留意自己是否有傳達政治或宗教意識的宣傳，遵守中立的原則。同時，除了法令規定，教師可以拒絕與教學沒有關係的工作或活動。

(二) 教師在《教師法》上專業的義務

依據《教師法》第32條，教師除了應遵守法令履行聘約外，並負下列義務：

1. 遵守聘約規定，維護校譽。
2. 積極維護學生受教之權益。
3. 依有關法令及學校安排之課程，實施適性教學。
4. 輔導或管教學生，導引其適性發展，並培養其健全人格。
5. 從事與教學有關之研究、進修。
6. 嚴守職分，本於良知，發揚師道及專業精神。
7. 依有關法令參與學校學術、行政工作及社會教育活動。
8. 非依法律規定不得洩露學生個人或其家庭資料。
9. 擔任導師。
10.其他依本法或其他法律規定應盡之義務。

　　茲就前述條文，進一步分析教師義務如下（陳順和，1992；周淑晶，2013；蘇淑琦，2018）：

1. 遵守聘約義務（第32條第1款）

　　《教師法》第9條規定：「高級中等以下學校教師之聘任，分初聘、續聘及長期聘任，經教師評審委員會審查通過後由校長聘任。」是故，教師接受聘書之後，即為學校成員的一分子，應該詳加了解聘書規定及細項，遵守個人義務，維護學校榮譽。

2. 擔任教學義務（第32條第2、3款）

　　勞工團體為了爭取較佳待遇、工作條件，可能透過工會力量，集體怠工。但教師則不一樣，此條款規定教師要積極維護學生受教權益，因此教師採取罷教行為並無法令依據，同時也要考量是否傷害本身專業形象；要言之，學生學習權益的維護，應該列為教師的首要責任。

3. 輔導管教義務（第32條第4款）

　　教師在教學過程中，管教權是必要的教育手段，為此教育部也擬訂《學校訂定教師輔導與管教學生辦法注意事項》，要求各校訂定教師輔導與管教學生辦法。在不違法的前提之下，輔導管教屬於教師專業自主的內涵，應尊重教師專業的自主權。

　　雖然教師輔導管教學生有法規依循，但在執行過程中，仍須本著專業倫理為之，依據《學校訂定教師輔導與管教學生辦法注意事項》第22條規定，教師得採取的一般管教措施，包括：「適當之正向管教措施；口頭糾正；在教室內適當調整座位；要求口頭道歉或書面自省；列入日常生活表現紀錄；通知監護權人，協請處理；要求完成未完成之作業或工作；適當增加作業或工作；要求課餘從事可達成管教目的之措施（如學生破壞環境清潔，要求其打掃環境）；限制參加正式課程以外之學校活動；經監護權人同意後，留置學生於課後輔導或參加輔導課程；要求靜坐反省；要求站立反省，但每次不得超過一堂課，每日累計不得超過兩小時；在教學場所一隅，暫時讓學生與其他同學保持適當距離，並以兩堂課為限；經其他教師同意，於行為當日，暫時轉送其他班級學習；依該校學生獎懲規定及法定程序，予以書面懲處。」

4. 研究進修義務（第32條第5款）

《教師法》均明定進修研究是教師的權利，也是義務，此立法目的就是彰顯進修研究之重要性，只有持續進修與研究，學習新的專業知能，方可精進教學。但是仍需參照《教師進修研究等專業發展辦法》規定辦理，例如：第7條規定，「部分辦公時間專業發展，每人每週公假時數最高以八小時為限。」

5. 發揚師道義務（第32條第6、8款）

老師本身的作為，也具有傳遞社會正向價值的功能，所以老師本身就應該遵守倫理規範，並且嚴格遵守相關的規定，包含不得洩漏學生資料等。簡言之，教師的身教、言教、境教，應該缺一不可。

6. 參與校務義務（第32條第7、9款）

有關學校的研究性、行政性、輔導性工作，都是教師的義務範圍。例如：學校舉辦各項教師研習、委員會議、防災教育、擔任導師等，教師仍有擔任及參與的義務。

7. 其他義務

在《教師進修研究等專業發展辦法》第9條規定：「教師帶職帶薪全時進修或研究者，其返回原校服務之義務期間為帶職帶薪期間之二倍；留職停薪全時進修或研究者，其服務義務期間為留職停薪之相同期間。」同時，相關法定也訂有教師參與研習的義務，例如：《環境教育法》第19條規定：「每年所有員工、教師、學生均應參加四小時以上環境教育」；《學生輔導法》第14條也規定：「教師每年應接受輔導知能在職進修課程至少三小時。」此外，亦有相關法規明令學校應辦理相關專業研習，例如：《性別平等教育法》第15條規定：「教職員工之職前教育，應納入性別平等教育之內容」；《自殺防治法》第6條也規定：「各機關、學校、法人、機構及團體，應推行自殺防治工作，辦理自殺防治教育，並提供心理諮詢管道。」

第三節　教師專業倫理的內涵

　　不論是企業界，或是政府與學校，對一個領導者而言，倫理是一個很重要的核心價值，每一個組織的運作，皆需依賴領導者與成員間的信任，方能促進效率及效能，倫理可以說是具有「是非判斷」、「行為規範」、「道德責任」等重要價值（林火旺，2001；許士軍，1999；歐陽教，1985）。職是之故，專業倫理（professional ethic），係指某一專業領域人員（如：醫師、教師、護理師、建築師、工程師、醫檢師、律師等），所應該遵守主觀的心理道德責任與客觀的行為規範責任。此外，「專業倫理」相較於「專業道德」，縱使兩者都與某種規範系統有所關聯，但是「專業倫理」較偏重於社會規範層面，而「專業道德」則傾向個人的品德實踐層面（吳清山、林天祐，2000）。而王金國（2013）則統整教師專業倫理的相關文獻，歸納提出「師生之間」、「親師之間」、「同事之間」、「教師與其他人（社區與社會）之間」等向度，並強調倫理的實踐性、倫理觀、約束力、概念與列舉的兩難。

　　依此可知，教師專業倫理可以稱為「學校教育人員表現其教育作為時，所參照之專業規準」。具體而言，泛指校長、主任或教師，在推展教育政策、學生輔導、課程教學或班級經營時，所依循之道德原則或倫理規約，進一步也願意將工作價值，內隱形成積極的工作態度，願意為工作積極貢獻時間與心力，並獲得成就與滿足感。此定義的核心概念，包含：

㈠ 以教育人員的專業素養為基礎

　　學校教師專業倫理的特點就是要具備專業素養，因為專業倫理的發揮，首先就是要先具備專業的素養，教師專業素養目前已成為世界各國教師專業的趨向，其基本的框架在於綜合專業知識、專業實踐與專業態度。按此，教師專業素養可稱為教師在結合專業知識、實踐能力與專業態度的基礎上，達到促進教師教學熱忱、自我效能，以及激發創新思考、學生學習等不同的目標（張文權、范熾文，2022）。

㈡ 依教師個人的人格素養為理念

教師無力感的產生，往往源於許多難解的行政問題、上級交辦的複雜工作、家長不同的要求等，此時即需要教師發揮自己的人格修養及正向信念。原則上，要避免這些倦怠的現象，學校教育人員必須保持「自我與情緒管理」（張文權等，2023），所以其人格修養是相當重要。如孔子所說：「志於道，居於德，依於仁，遊於藝」，這是從事學校工作最高的人格素養。「志於道」就是對道德原則的堅持到底，要關懷社會的人群，而不純然追尋自己的夢想而已（黃麗娟，2014）。

㈢ 由發揮圓熟的教育智慧為實踐

教育智慧是由教育學之父赫爾巴特（Johann Friedrich Herbart, 1776-1841）所提出來的。學校教育倫理皆涉及事實性與價值性，可見理論與實際都是教師需要學習的專業內涵。所以，教師如何連結教育理論與實踐，將理論作為實務引導的方針，透過實務來思考理論的價值，都是需要教育人員建立一個圓熟的教育智慧，進一步加以判斷及實踐。

㈣ 以激發承諾與組織認同為依歸

教師承諾是對學校有堅定的歸屬感，同時具有相當強烈的意志來完成教學的目標。更重要的是，教師會渴望激勵學生的學習動機，對學校產生良性的助益。進言之，教師能夠認同學校的願景與發展的目標，願意奉獻自己的力量來幫助學生，以及學校的發展。

第四節 教師專業倫理的理論觀點與實踐方向

本文參酌相關學者（王金國，2013；林明地，1999；徐賁，2021；馮丰儀，2007；黃乃熒，2000；歐陽教，1985；Starratt, 1991; Sergiovanni, 1992）意見，將教師專業倫理的理論與實踐觀點，分成以下幾點說明：

一 批判倫理的觀點與實踐

　　傳統國家的師資培育，都是透過國家運用公費生的制度，統一培訓與分發，其目的就是希望培育優秀的師資，同時也期望透過師資的養成，作為執行國家政策、傳遞政治思想的基石。然而，在目前民主化的社會，學校教育應該具有多元的不同風貌，老師在教學層面、課程設計層面、溝通的理念層面、行政執行的層面等，皆應該培養省思、批判及理性溝通的態度，方能確保教育的內容，不會受到傳統意識型態的宰制，符合現代社會的需求。

　　所謂的批判性意識，包括認知與倫理的性質，其根本的功用在於協助民眾能夠思考日常生活當中事情的真相，透過自我的反思進行是非對錯的判斷，也強化自己在生活中，可以理性思考以及明辨是非的能力（徐貫，2021）。由此可知，學校教育人員應養成省思、批判的習慣，對於不合理的現象應該要多加理性思考，否則很容易成為特定利益團體的代言人，進一步造成社會再製，以及社會不平等的負面的影響。革新在於「革心」，革心就是要對信念、價值觀徹底加以改革，可見教育改革即是教師改革，要以新的人性觀、知識觀、價值觀來參與教育改革的推展。

　　具體來說，批判倫理應該歸屬於學校行政人員實踐時不可忽略的概念，其實踐方向包含如下（馮丰儀，2007；Mahdalena et al., 2021）：

(一) 應具有批判反思的意識：對於行政組織、溝通、領導、決定與評鑑，皆需要時時進行自我對話，思考如何調整才能達到效率與效能的目標。

(二) 需關注不合理或不公平的現象：應該不斷關注學校傳統的現象，特別應洞察到學校與社會眾多脈絡之間的關係，並且勇於轉化。例如：學校對於運動校隊的招募，是否就等同縣運參與團隊，在目前學生擁有參加權的趨勢下，是否需全校公開甄選，也值得反思。

(三) 可鼓勵開放理性的對話：建立理性溝通的言談情境是促進反思成長的重要情境，有益於解決社會中的生活問題，包括抱持同理心、維持信任的溝通關係、發揮互為主體性的尊重態度，以及建立理性對話的溝通情境等。

■二 公共利益的觀點與實踐

　　公共利益代表了社會多數人資源的共用，以及所影響的有利範圍，所以在教育行政決定的過程當中，公共利益屬於相當重要以及普遍需要重視的原則，需要思考的是，考量公共利益的同時，也不能忽略少數族群的利益。Barry認為社群成員的「共同利益」（common interest）即為公共利益之意，「公共財」（public goods）是行政人員所必須建立的重要概念，也就是代表一種說服公民犧牲個人的利益，願意和他人共享的利益（林鍾沂，1994；陳坤發，2001）。有關公共利益，Schubert提出行政理性論者、行政哲人論者及行政實務論者三種觀點（江岷欽、林鍾沂，1995；黃異、周怡良，2021；楊佳慧，1996）：

　　第一種類型是行政理性論者（administrative rationalists）：此類型主張在行政決定的過程，應該抱持價值中立的立場，為了獲得公共利益，應強調透過理性化的決定過程加以思考，行政人員的首要職務，就是要有效率的執行，且符合公共利益的思維。

　　第二種類型是行政哲人論者（administrative idealists）：此類型認為行政人員在決定的過程，應具有自我裁量權，自己需要具有專業的判斷力，進一步思考哪一些事項符合公共的利益，方能做出合理、正確的判斷。

　　第三種類型是行政實務論者（administrative realists）：此類型強調行政人員調整不同利害關係團體的利益，同時轉化各種利益團體所相互競爭的多元利益，成為一種符合公共利益的行為。可見，自覺（self-awareness）是為行政實務論者的要點。

　　綜上可見，公共利益乃從理性論者、哲人論者、實務論者不同面向出發，依序代表理性決定、專業判斷、利益調整等觀點，但是不論由何者角度，重視多數人的利益、強調長期性的思考，以公共利益為優先，都是共同重視的面向。如同Cooper所言，思考公共利益與行政運作的融合，其主要目的之一，在於作為行政人員反思之用，當我們進行決定時，是否有綜合不同利害關係人的立場，更甚之，是否已經跨越自我、家庭、族群等利益（蕭武桐，1998）。

　　整體而言，公眾利益應是學校行政人員決定時的重要思維，其實踐的作為可以包含：

㈠ 重視學生最大的學習權益：學校公共利益就是要保障學生的學習權，服務的重點在於教師教學與學生學習，以大多數人的最大利益為主要考量，因此，師生的權益需求，應列為優先考量。

㈡ 強調學校組織的整體利益：學校組織的利益是在教師或行政人員決定時的重要考量，服務的宗旨是為學校整體公共利益。舉例而言，在進行學校與社區的資源合作時，應考量學校的利益性，需思考這一種合作的結果，是否有益於學校形象的營造、是否可以尋求教師專業的資源等。

㈢ 符合最大利益的行政作為：在學校行政的作為中，如遇不同利益團體相互競爭的多元利益，可以適切的轉化整合，例如：在偏鄉小校為了爭取學生的入學，難免會有其競爭的關係，但如遇少數師資的聘用，則可以適切的合作，發揮專業資源的極大化。

▇三 正義倫理的觀點與實踐

　　正義（justice）乃是植基於西方倫理學及政治哲學，表示社會公平、秩序及平和（徐學庸，2016），吳清山與林天佑（2005）亦認為，正義是指建立在個人權利得到尊重的基礎，本質上具有公正、公平、正直等。Rawls（1999）則提出正義即公平的概念，正義乃屬於社會制度中的第一美德，這並非單指正義直接等於公平，而是嘗試藉由公平、合理的過程，建立可以解決問題的基本架構，引導社會合作（王俊斌，2016），可見公平是為正義的核心要素與達成手段。事實上，公平理念應用於教育層面，就是針對當分配教育資源給予不同個人時，其過程是否有符合公平性的原則，進行價值的判斷（陳伯璋等，2014），可見公平的概念，確實有助於正義的達成。綜上，析論「正義倫理」一語，可以泛稱為「主張個人為理性、自由的個體，平等尊重每一個人的權利，而個人也需履行義務，著重個人應該本於義務，遵守普遍、客觀的原則，並採用公平程序來做決定」

（馮丰儀，2007）。

　　有關正義倫理的理論中，羅爾斯（John Rawls）的「正義論」廣受哲學界、社會學者、經濟學者的討論，Rawls認為傳統的功利主義以及直覺論對正義的論述仍然不足，無助於建構公平正義的社會，因此採用社會契約論的觀點。過去傳統契約論主要是用在政治與義務，而Rawls的「契約論」則以社會正義為主軸，只有在正義狀況下，才能談政治的權威和義務。可見，契約的特性就是需要共同討論和決定，一個公平的契約，會是能滿足各方的要求，可想而知，正義觀的形成，乃透過各方所討論而達成的契約，容易獲得大家的認同與遵守（葉庭瑋，2011）。

　　總言之，羅爾斯發展出正義之二大原則：第一原則是有關基本自由權的保障：每一個人都有平等的權利，可簡稱為「平等自由權原則」。第二原則是處理社會及經濟不平等的問題，又可細分為「機會均等原則」（fair equality of opportunity）、「差異原則」（difference principle）（馮丰儀，2007；蔡進雄，2007；韓台武，2013；Rawls, 1999），簡述如下：

（一）平等自由權原則：此為第一個原則，強調每一個人都一樣擁有平等的權利，在相當完備的體系之下，擁有各項平等的基本自由，而且這些基本自由與他人所擁有同一體系下的各項自由權相容，著重應該透過制度來加以保障，所有人具備一樣的基本自由。

（二）機會均等原則：此觀點強調提供每一位人民都應予被公平地對待，給予公平的成功機會，例如：每一個工作職缺，會按照固定一致的流程，應該都向所有的人開放，此偏向形式上的平等。

（三）差異原則：公道是此原則的重要概念，亦即對於弱勢族群，給予適切性的協助，讓身處不利地位的個體，可以取得較豐富的資源，避免優勢族群長期壟斷各種資源，形成貧富差距日益擴大，具有補救性正義的性質。

　　上述值得留意的是，第一條平等自由原則優於第二條機會均等原則與差異原則，例如：社會不可藉由增加經濟利益的名義，犧牲個人的基本自由，因為基本人權不可與其他價值做任何量化比較或交換（周武昌，2003）。綜上，學校行政人員或教師在實踐正義倫理的同時，可以透過不同的策略加以實踐，包含：

(一) 給予個人權利最大保障：也就是尊重教師的教學專業，以及學生的受
　　教權，不因為貪圖方便、效率，而損害少數人的權益。

(二) 應有弱勢需求覺察能力：教師或行政人員在進行決定時，如其影響層
　　面，有涉及學校弱勢的成員或學生時，應該思考如何滿足真正的需
　　求，方能達到實質的公平。

(三) 應該要建立公平的程序：行政決定或資源提供時，應該建立公開透明
　　的一致性流程，讓每一位成員或學生，都能獲得公平的資訊或參與的
　　機會。

四　關懷倫理的觀點與實踐

　　Gilligan和Noddings所提出的關懷倫理概念，對學校行政專業倫理的建
構，有重要助益。首先，Gilligan（1982）所建構以女性觀點為主的關懷
倫理學，主要源自於批判傳統男性為中心的道德認知發展，認為應該建立
以女性觀點為主的道德觀。因此，關懷倫理學是存在於人際互動的脈絡
中，最終目的是使能對自我、他人所涉及責任，發揮終極關懷（范熾文，
2000）。

　　此外，Noddings（1984）所提出的關懷倫理學（care ethics）核心理
論，乃是強調女性自然關懷的情感，是人類道德發展的基礎。個體在出
生之後，就會身處在彼此關懷的生活，對別人散發出關懷的情感（方志
華，2000）。人們在生活當中，可以關懷的對象範圍相當廣泛，包含從關
懷自己開始，到關懷周邊認識或不認識的人、關懷眾多理念、關懷人為
環境，以及關懷生態環境等，國小生以這些不同的關懷主題為核心，到了
中學階段，應該至少有一半的時間，關懷這一些相關的主題（Noddings,
1992）。可見，關懷倫理觀點下的道德教育有四項重點（范熾文，2008；
Noddings, 1992）：

(一) 身教：教師就是一位關懷者，本身應該成為一個願意關懷學生的楷模
　　者，所以關懷者與被關懷者之間，就是一種老師跟學生之間的關係。

(二) 對話：在彼此的對話當中，應該關注每一位參與者的聲音，這一種對

話過程，是一種人際之間的推理，而不是相互爭辯。

㈢ 實踐：在實踐的過程當中，應該重視兩性共同的參與，雖然關懷倫理著重女性的特性為主，但是兩性之間，仍然應該彼此互助、彼此分享。

㈣ 肯定：在人際互動的過程，應該具有關懷的情感，意即關懷者會正向肯定、積極激勵被關懷者的行為。

據此可知，學校是一種師生之間互動的真實世界。關懷倫理學著重從人與人之間的關懷出發，讓互動具有關懷的情感，也關注每一位參與者的聲音；質言之，缺乏這一種關懷的人際互動網絡，將不利於個體的生存發展。其實踐於學校行政人員或教師角色，有其不同的思考方向，包含（丁心平，2017；馮丰儀，2007）：

㈠ 由人際關係反思自己責任：人際的關係是關懷倫理的重視議題，所以學校行政人員或教師在施予作為時，可以藉由自己與他人的關係，思考關懷者的責任，以關注對方需求且給予協助。

㈡ 設身處地的理解他人需求：關懷倫理認為需要真實理解對方的需求，並給予回應與協助，也就是同理心、換位思考的概念。因而，對教師或學校行政人員而言，不只是關心學生的立場，也應該整體思考相關利害關係人的真正想法、身處立場或所需協助。

㈢ 串連信任與關懷互動關係：關懷倫理強調人際之間應該多多給予關心及支持，所以教師對於彼此之間的學習關係，應多關照成員的正向動機、言語或行為，並給予實質、具體的肯定，可連接起正向的關係，讓成員看到自己更好的一面，感受關懷的信念。

參考文獻

丁心平（2017）。諾丁關懷倫理學對師培實施道德教育之啟示。**臺灣教育評論月刊**，**6**(8)，119-125。

丁志權（2018）。教師適用勞動三法對教育體制的衝撞。**臺灣教育評論月刊**，**7**(5)，56-68。

方志華（2000）。**諾丁關懷倫理學之理論與教育實踐**（未出版之博士論文）。國立臺灣師範大學。

王金國（2013）。**案例教學法與教師專業倫理**。高等教育。

王俊斌（2016）。教育制度中的社會正義理論分析—多元觀點與比較基礎建構。**臺灣教育社會學研究，16**(2)，29-63。

王煥琛（1996）。教師的權利與責任之探討。**台灣教育，551**，6-12。

石文傑（1996）。教師法中教師的權利與義務。**教師人權，74**，5-7。

朱玉仿（2010）。教師是勞工還是專業人員？**國家教育研究院電子報，6**，網址https://epaper.naer.edu.tw/edm.php?grp_no=6&edm_no=6&content_no=162

江岷欽、林鍾沂（1995）。**公共組織理論**。空大。

吳清山、林天祐（2000）。教育名詞：專業倫理。**教育資料與研究，35**，107-108。

吳清山、林天祐（2005）。**教育新辭書**。高等教育。

邢泰釗（1999）。**教師法律手冊**。教育部。

周武昌（2003）。羅爾斯正義理論及其對學校行政的啟示。**學校行政，26**，99-107。

周淑晶（2013）。**新北市國中教師知覺對教師權利與義務認同與實現程度之研究**（未出版之碩士論文）。淡江大學。

林火旺（2001）。**倫理學**。五南。

林明地（1999）。重建學校領導的倫理學觀念。**教育政策論壇，2**(2)，135-162。

林鍾沂（1994）。**政策分析的理論與實踐**。瑞興。

范熾文（2000）。領導的倫理議題：關懷倫理。**中等教育，52**(5)，162-175。

范熾文（2002）。**學校行政原理**。師大書苑。

范熾文（2008）。**教育行政研究：批判取向**。五南。

徐賁（2021）。**批判性思維的認知與倫理**。北京大學出版社。

徐學庸（2016）。**古希臘正義觀：荷馬至亞里斯多德的倫理價值及政治理想**。臺北出版中心。

張文權、范熾文（2022）。國民小學校長教學領導與教師專業素養關係模式
　　驗證及教師專業素養IPA差異分析。**課程與教學季刊**，**25**(4)，159-190。

張文權、林明地、陳信助（2023）。「教師兼任行政工作倦怠」相關議題研
　　究之回顧分析：以《學校行政》期刊論文為範疇。**學校行政**，**146**，60-
　　87。

許士軍（1999）。新管理典範下的企業倫理。**通識教育**，**6**(3)，35-46。

許慶雄（1999）。**憲法入門**。元照。

陳伯璋、王如哲、魯先華（2014）。教育公平理論架構模式與指標建構。載
　　於陳伯璋、王如哲（主編），**教育公平**（頁11-36）。高等教育。

陳坤發（2001）。**公務人員行政倫理認知研究—地方行政菁英調查分析**（未
　　出版之碩士論文）。東海大學。

陳順和（1992）。**我國中小學教師之權利與義務**（未出版之碩士論文）。國
　　立臺灣師範大學。

馮丰儀（2007）。學校行政倫理理論內涵及實踐之探究。**教育研究與發展**，
　　3(3)，219-248。

黃乃熒（2000）。**後現代教育行政哲學**。師大書苑。

黃異、周怡良（2021）。什麼叫做自然法。**軍法專刊**，**67**(1)，1-14。

黃源銘（2015）。論兩公約後教師權利之法制開展—談教師罷教權之困境。
　　國會，**43**(12)，25-48。

黃麗娟（2014）。《論語》：「志於道」的意義發微。**當代儒學研究**，**16**，
　　205-230。

楊佳慧（1996）。**官僚體制責任衝突之研究**（未出版之碩士論文）。國立政
　　治大學。

楊明家（1996）。教師的權利與責任。**台灣教育**，**551**，45-48。

葉庭瑋（2011）。**正義的契約論証成—再探羅爾斯《正義論》**（未出版之碩
　　士論文）。中國文化大學。

歐陽教（1985）。**德育原理**。文景。

蔡進雄（2007）。論正義倫理與關懷倫理對學校行政領導的啓示。中等教
　　育，**58**(3)，42-54。

蕭武桐（1998）。**行政倫理**。空中大學。

韓台武（2013）。如何建構具有共識的公平正義理念：羅爾斯的觀點。**現代桃花源學刊，3**，40-57。

蘇淑琦（2018）。**國小教師之權利義務認知之調查研究**（未出版之碩士論文）。高苑科技大學。

Gilligan, C. (1982). *In a difference voice*. Harvard University.

Mahdalena, M., Haliah, H., Syarifuddin, S., & Said, D. (2021). Budget accountability in the perspective of Habermas communicative action theory. *Golden Ratio of Social Science and Education*, *1*(2), 61-72.

Noddings, N. (1984). *Caring: A feminine approach to ethic and moral education*. University of California Press.

Noddings, N. (1992). *The challenge to care in schools: An alternative approach to education*. Teacher College.

Rawls, J. (1999). *A theory of justice*. Harvard University.

Sergiovanni, T. J. (1992). *Moral leadership: Getting to the heart of school improvement*. Jossey-Bass.

Starratt, R. J. (1991). Building an ethical schools: A theory for practice in educational leadership. *Educational administration quarterly*, *27*(2), 185-202.

案例討論

班級榮譽與學生參與公平性之抉擇

　　在校慶拔河賽中，五年二班原本有22位同學報名參加，計畫全班上場，但因隔壁班人數不足，需減至20人參賽。大家為了決定退出的兩位同學，討論可以採自願退出的方式。然而，討論時大多同學提議瘦小的小宇退出，理由是他練習時不專注，而且態度不認真影響團隊成績。小宇坦承這些行為，但堅持參賽。同時，一位力氣很大的同學小明自願退出，引發其他同學強烈不滿，認為這樣會降低比賽的競爭

力,甚至揚言消極參賽。

　　老師試圖安撫,但孩子們的情緒依然不穩,甚至讓老師也感到沮喪。同事建議老師應以班級榮譽為重,要求小宇退出,但老師考量到每位同學參與的權利與公平性,擔心強制退出會讓小宇更加孤立,也可能造成比賽失利後的責任歸咎。

　　經過一晚思考,老師靈機一動,將小宇「大聲公」的特點轉為優點,指派他負責拔河賽中的口令指揮,並與其他隊員配合。老師強調這個角色對比賽的重要性,並請小明回到參賽隊伍中。小宇接受這個新角色,並努力練習。最終比賽結果,班級獲得佳績,孩子們的情緒也因此平復。

資料來源:改寫於王金國(2013)。**案例教學法與教師專業倫理**。高等
　　　　　教育。

討論問題

1. 請討論案例中的老師遇到什麼問題?
2. 請討論「自動退出」是否是好辦法?你會如何解決案例中的問題?
3. 請討論「全班榮譽」比較重要,還是讓每一位孩子皆有「嘗試表現」的權利重要呢?
4. 你從這個案例學到什麼或獲得什麼啟發?

考古題

---

1 我國目前師資聘任制度並未採行分級制,晚近部分學者主張為達到評鑑教師與提升其專業之目標,應有分級制之實施。試以教育行政的觀點,分析實施教師分級制的優缺點何在?如果要實施,相關之配套措施又應如何制訂?請說明之。(107年高考)
2. 請說明《教師法》中有關教師的權利與義務之規定,並特別分析教師

權利與義務相近的項目，及其對教育行政機關提升教師素質的啟示。
（109年高考）

3. 請說明教育行政倫理的意義，並試擬一份教育行政人員的倫理信條。
（100年教師檢定）（110年特種考試）

4. 請分別簡述現行《教師法》中，教師的權利與義務各二項。（111年教師檢定）

GPT輔助自主學習的關鍵提問

‧ 請先用GPT軟體平台，設計一位教師可能面臨的倫理困境，例如：處理學生隱私問題或應對行為偏差的學生。接著，讓GPT軟體平台，幫你提出幾種可能的解決方案。最後，你可以和同儕一起檢視這些方案是否符合本章節提到的法律規定和倫理觀點。

【學習概念：批判思考】

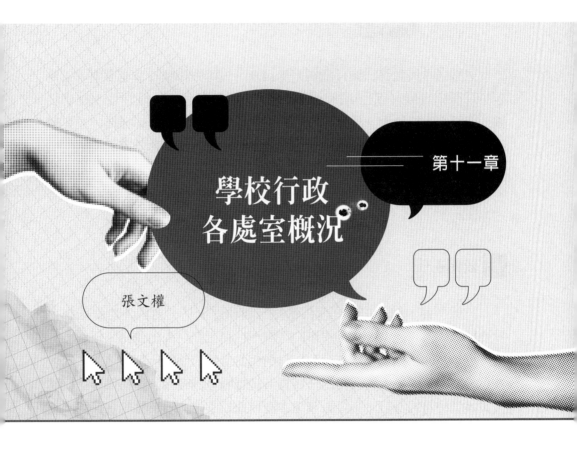

第十一章

學校行政
各處室概況

張文權

　　教務、學務、總務與輔導四個處室之工作職掌與實務內容相當複雜，但仍有其大致的規範，所以本章摘錄各處室主要內容，分述如下（任晟蓀，2003；吳清山，2021；鄭彩鳳，2008）：第一節是教務處的職掌與實務概況；第二節是學務處的職掌與實務概況；第三節是總務處的職掌與實務概況；第四節是輔導處的職掌與實務概況。

第一節　教務處的職掌與實務概況

依據《國民教育法施行細則》第14條，規定教務處的掌理事項，主要包括「課程發展、課程編排、教學實施、學籍管理、成績評量、教學設備、資訊與網路設備、教具圖書資料供應、教學研究、教學評鑑，並與輔導單位配合實施教育輔導等事項」。承上可知，教務處各處室的組織架構包含有教務主任、教學組長、註冊組長、設備組長等重要職務，而部分學校則另有資訊組、實驗研究組。茲就各校常見的職務工作內容，分述如下：

一 教務主任

一般而言，教務主任在學校都是扮演代理校長的角色；也就是說，只要校長因為請假而不能夠視事的時候，校務工作將委由教務主任代理。由此可知，教務主任在學校行政上扮演相當重要的關鍵角色。除此之外，在一般性的工作內容，教務主任將具有統整處室內各組工作的任務、協助校長推動校務的身分，另就教務處本身特殊的工作特性，教務主任因應新課綱的落實，則需要推動課程教學發展、教學計畫執行、教學專業回饋，同時順應社會發展的需求，也要推動學藝、社會、語文與科學等活動的發展。再者，在校內的許多重要會議，舉凡編班會議、導師會議、行政會議、學習扶助會議等，也需要參與協助。

二 教學組長

(一) 制訂各項教學章則

教學章則是教務工作的重要準則，也是支援教師的基礎，一方面要合於教育法令的規定，另一方面也需要考量學校不同的情境脈絡。中小學的教學章則，包括教學正常化實施要點、調代課辦法、巡堂實施要點、學生

成績考查辦法、學生作業抽查辦法、教師公開課實施辦法等。上述章則的擬定，在符合法令規定之際，藉由行政程序擬定與公開，讓教師理解相關內容，也是不可或缺的環節。

(二) 辦理教師公開授課

配合新課綱的落實，也希望藉由教師的公開授課，提倡教師之間彼此的專業交流，因此《國民中學與國民小學實施校長及教師公開授課參考原則》也規定：「授課人員應在服務學校，每學年至少公開授課一次，並以校內教師觀課為原則」，同時為引導授課人員進行公開授課，也再規定：「授課人員於公開授課前，應共同規劃；其規劃事項，得包括共同備課、接受教學觀察及專業回饋；觀課人員，以全程參與為原則。」上述可知，公開授課過程，包括教師備課、觀課和議課，在公開授課之前，可以經由備課，相互分享教學的準備概況與學生學習的困難，而透過授課後的議課，可以協助授課者以及觀課者共同的對話、反思與成長，如有一致性的觀察焦點，更有益於彼此的學習成長（張文權，2022）。

(三) 規劃課後照顧與學習扶助

為協助親子之間不同的學習需求及就業情形，教務處也協助推動課後照顧。而所謂兒童課後照顧服務，依據《兒童課後照顧服務班與中心設立及管理辦法》規定，係指「招收國民小學階段兒童，於學校上課以外時間，提供以生活照顧及學校作業輔導為主之多元服務，以促進兒童健康成長、支持婦女婚育及使父母安心就業。」原則上，公立課後照顧班針對低收入戶、身心障礙及原住民兒童，應該優先招收，其實施時間也不得占用原上課時間實施。而就學習扶助來說，係指早期推動的補救教學，藉由篩選測驗及成長測驗來掌握學生的學習情境。一般在學期中，可以分為課餘學習扶助、課中學習扶助，以及課中學習扶助增置代理教師計畫等，相關規定可上「國民小學及國民中學學生學習扶助科技化評量」網站（https://exam.tcte.edu.tw/tbt_html）參考。依照規定，中小學的學生學習扶助，就是指「篩選國語文、數學、英語文三科目（領域）學習低成就學生，希望提早給予適時的學習扶助，以提升學生學習效能，縮小學力的落差。」

㈣ 擬定教師授課的課表

依據中小學不同的情形，各有其不同的授課節數規定，教學組即需要依據相關的法令規定，進行教師課程的編排，依據《國民中小學教師授課節數訂定基準》的規定，「國民中小學專任教師之授課節數，依授課領域、科目及學校需求，每週安排十六節至二十節為原則，且不得超過二十節之上限。專任教師授課節數應以固定節數為原則，不宜因學校規模大小而不同。」另就導師的授課節也有所規定，也就是指「專任教師兼任導師者，其授課節數與專任教師之差距以四節至六節為原則。」除此之外，輔導教師授課時數的規定為：「專任輔導教師不得排課。但因課務需要教授輔導相關課程者，以不超過教師兼主任之授課節數排課。」

㈤ 辦理教師的調代補課

在上課的過程中，不管是教師的調課、代課或是補課的相關事宜，皆為教學組的業務。主要依據《教師法》第35條規定：「教師因婚、喪、疾病、分娩或其他正當事由，得依規定請假；其基於法定義務出席作證性侵害、性騷擾及霸凌事件，應給予公假。」此外，在辦理教師調、代、補課的事宜時，宜擬定校內相關的辦法，才能讓行政人員辦理與教師請假時有所依循，讓學生的學習不會因為教師課務調整，而受到影響。

三 註冊組長

㈠ 註冊與常態編班

在學校內的新生註冊以及舊生註冊，皆屬於註冊組的業務，新生註冊目前多會提供完整的相關資訊供參考，特別就小一的新生家長，自然會關心相關的入學資訊，註冊組皆會依照縣市的國民小學新生分發及入學辦法辦理，例如：臺北市即設置新生入學資訊網（https://tpenroll.tp.edu.tw），提供入學的相關資訊。而舊生的註冊較為單純，但在國小高中低年段，或者是國中入學階段，都會遇到常態編班的業務，依照《國民小學及國民中學常態編班及分組學習準則》的規定，「國中新生之編班得採測驗再依成績高低順序以 S 型排列，或採公開抽籤方式，或採電腦亂數方式為依據，

分配就讀班級。」再就國小的編班，也規定「國小新生之編班得採公開抽籤方式，或採電腦亂數方式為依據，分配就讀班級。」

㈡ 學生轉學、休學與復學

　　就學生轉學的作業流程，各校流程相近，就以新北市為例，規定包括「家長或監護人先以辦妥遷徙之戶籍證明文件，向就讀學校申請轉出，並於三日內持轉學證明書向轉入學校申請辦理轉入，而受理申請轉入學校，依申請轉入學生之戶籍資料，確認學區無誤准予辦理轉入，並以回報單通知原就讀學校，最後原就讀學校接獲通知且審查回函資料無誤後，逐將學生學籍等相關資料以掛號信件寄送轉入學校查收，不得經由家長轉送。」另以休學來說，目前國民教育階段如有相近情形，可能皆為疾病、出國就學等情形。以高雄市為例，即規定「學生因疾病達到無法就學程度，經公立醫療機構證明者，得由父母或監護人向就讀學校申請休學，經學校詳實審查後，發給休學證明書。」而就復學，如指中途輟學學生之復學，則需依《國民中小學中途輟學學生通報及復學輔導辦法》規定辦理。

㈢ 學籍管理

　　學籍管理方面，也需依照各縣市的學生學籍管理要點辦理，實務的作法多為設置學籍資料的專櫃（室），由專人妥善保管，並詳細記錄學籍資料的年屆、學年度、學號、名稱等。另外，學生的學籍及成績等相關資料，都應該每學期至少一次，加以備份且列管予以編號，列入永久保存。最後，學校的學籍資料，凡是有關的承辦人員，包括註冊（教學）組長、教務（教導）主任、校長等，在辦理離職的時候，都需要將上述資料列入移交的項目，特別留意的是，當學籍資料假設遇到災害等不可抗力的因素，而受到損害與影響，這時候就需要報備縣市政府，再予以重新建立。

㈣ 核發各項證明書

　　學校核發的證明書，主要為畢業證書、畢業證明書、在學證明書、轉學證明書、修業證明書、學生證等，校內證明書多有統一的格式規定，因屬例行性工作，所以可以援例辦理。

(五) 學生成績評量

依據《國民小學及國民中學學生成績評量準則》的規定，提到「中小學學生成績評量，應依領域學習課程、彈性學習課程及日常生活表現評定，同時就學生因故不能參加定期評量，經學校核准給假者，得補行評量；其成績以實得分數計算為原則。」評量分數與學生學習息息相關，註冊組也需要依規定辦理，並利用適當管道讓親師生皆了解相關的評量規定。

四 設備組長

(一) 規劃圖書室（館）

圖書室（館）是學生求學的重要環境，也是閱讀教育推動的資源，深深影響學生的學習，國中小主要都由設備組負責，而高中另有專責圖書館人員。依據《圖書館設立及營運標準》，有關館藏發展以及設備基準皆有其明確的規範，以國小為例，就規定「國民小學圖書館圖書、視聽資料及數位媒體等出版品至少六千種（件）或每名學生四十種以上」，而就設備的基準，「十二班以下學校至少二間普通教室大小。」

(二) 教科書選用與發放

教科書的整理及發放，屬於設備組每一個學期期初與期末的重要事項，一般在教科書到校之後，可以先依班級師生人數進行分類，再依據班級的數量，請同學依序領取。值得一提的是，在教科書的發放前，需請教師選用適當的教科書，此時即需要依據《國民小學及國民中學教科圖書選用注意事項》辦理，其規定中提到除了需要「蒐集各領域經審定之教科圖書，並於指定場所公開陳列」之外，對於評選過程中，學校也需要「設計教科圖書評選表，以利選用成員評選，評選後也要將選用成員的選用過程及評選決議作成紀錄，經校長核定後公告及建檔保存。」

(三) 教具與專科教室的管理

教具是協助教師教學的重要資源，有益於提升學生學習成效，因此設

備組應妥善調查教師的教學需求，適時採購或製作相關的教具，同時也應盤點校內資源，統整學校主要教學設備及教具一覽表。而有關專科教室的維護，例如：實驗室、家政教室等，更是需要補充相關教學資源，方能有助教學實施。此外，有關實驗室的管理，也要參照《實驗室廢棄物管理作業規範》辦理，確保師生及校園安全。

第二節　學務處的職掌與實務概況

一 學務主任

　　學務處的業務因為往往涉及許多校園安全通報的事宜，因此對校長而言，學務主任需要扮演即時溝通以及討論的角色，同時有關教師輔導與管教，亦或是校園安全落實等，學務主任也常常需要跨處室的溝通協調，再者就全校性體育、德育或群組活動的推廣，學務主任也應該重視規劃，可見除了自己本身具有良好的品德身心，對於教育法令、安全教育、體育衛生、康樂活動等，皆要有良好的學務專業素養。

二 學生活動組

(一) 規劃校外教學活動

　　校外教學屬學生活動組的重要業務之一，依據各縣市的校外教學規定，都有其相關日期、安全、注意事項，以及地點的相關規範。總言之，校外教學在規劃的同時，應該考慮學生學習的需求，擬定完整的計畫，針對學習目標、地點安排、人員配置、活動安全，以及費用標準等項目，納入家長意見之後，進行完整的討論規劃。例如：以《臺東縣政府所屬高級中學以下學校暨幼兒園校外教學活動實施要點》為例，即規定「校外教學活動應善用社區資源，以學生生活經驗為中心，且考量各年級學生體能、

節令氣候、交通狀況、環境衛生、公共安全、場館規模及教學資源等妥適規劃，避免以遊樂為主之校外教學活動。」

(二) 辦理學生社團

學生社團活動是擴展學生學習視野的良好場域，因此多數學校都會開辦學生的社團活動，並有學生活動組承辦。然而在規劃社團活動之前，也需要依照各縣市政府的社團活動實施要點辦理，同時也要特別留意，不得強迫學生參加社團、社團時間不應影響部定課程的時段，社團所有的費用收支也不可以將營利視為目的，更不能藉由社團的名義，依此讓校內的正式課程實施加深、加廣或補救教學。

(三) 辦理學生緊急危難救助

學生在學校學習的過程當中，難免個人或家庭都會遇到一些緊急的變故。所以學生活動組承辦此項業務時，應該與導師保持聯絡，關心學生的狀況，並積極提供相關資源與協助。原則上，學生活動組可以依據《教育部學產基金設置急難慰問金實施要點》辦理，此要點適用對象為「各級學校（包括進修學校）在學學生及幼兒園幼兒。」

(四) 籌組童軍教育活動

童軍教育在學校階段是培養學生品格、健康以及做中學的良好活動。學生活動組在組訓童軍團時，應以自願為原則，並透過社團或課外活動加以實施，每年都應向各縣市的童軍會、女童軍會完成三項登記，也就是包含團部登記、童軍登記，以及服務員登記。同時，也應該積極鼓勵服務員參加木章基本訓練、木章訓練，以精進服務員的專業素養。

■三 生活教育組

(一) 即時處理學生突發事件

生活教育組負責校園安全為首要任務，因此在學生於校內活動過程，所發生的突發事件，生活教育組都需要盡快處理，避免耽誤時效。依此可知，平日就應該要建立學生緊密連絡的相關資料，如遇緊急狀況，也應

依照教育部的《校園安全及災害事件通報作業要點》辦理，校安通報事件之通報時限規定，包括：「依法規通報的事件，應該在知悉後，於校安通報網通報，至遲不得逾二十四小時；法規有明定者，依各該法規定時限通報。」另外，就一般的校安事件，則「應於知悉後，於校安通報網通報，至遲不得逾七十二小時。」

(二) 辦理交通安全教育活動

　　交通安全的推展，主要是確保學童在上放學時間，擁有正確的安全意識；換句話說，也就是希望學生能夠了解交通安全的法規，實踐交通安全的行為。實務上，生活教育組在推動交通安全教育時，可利用各式活動來進行推動，例如：校外教學、班週會活動等，同時也可以透過動態的話劇比賽、靜態的美術比賽、作文比賽等，培養學生交通安全的意識。

(三) 辦理學生日常生活表現評量與獎懲

　　生活教育組在進行學生日常生活表現評量以及獎懲之前，都應該要了解相關的法令。學生的日常生活表現評量，主要是依照《國民小學及國民中學學生評量成績評量準則》辦理，其評量範圍以及內涵，包括「學生出缺席情形、獎懲紀錄、團體活動表現、品德言行表現、公共服務及校內外特殊表現等。」再就獎懲部分，也需要依照《學校訂定教師輔導與管教學生辦法注意事項》，訂定教師輔導與管教學生辦法，其規定提及「宜依循民主參與之程序，經合理比例之學生代表、教師代表、家長代表及行政人員代表參與之會議討論後，將草案內容以適當之方法公告，廣泛聽取各方建議，必要時並得舉辦公聽會或說明會。」

(四) 處理學生請假、曠課與缺課情形

　　一般學生請假的類別，包含事假、病假、公假、喪假與生理假，而為維護未成年學生懷孕的相關權利，學生懷孕期間也應專案處理，不得以曠課論處。實務上，生教組應該擬定學生的請假規則，並適時公布學生缺曠課的資訊，給學生、家長及導師知悉。

㈤ 中輟生通報

依據《國民小學與國民中學未入學或中途輟學學生通報及復學輔導辦法》的規定，「學生如果未經請假、請假未獲准或不明原因未到校上課連續達三日以上，或者轉學生因不明原因，自轉出之日起三日內未向轉入學校完成報到手續者，皆屬於中途輟學學生」，學生發生中輟的情形，都有可能深深影響學生的學習權以及社會的安全，因此生教組應該進行通報，其程序包括：「學校至通報系統辦理通報，並應將該學生檔案資料傳送通報系統列管，由通報系統交換至內政部警政署，同時學校應函送鄉（鎮、市、區）強迫入學委員會，執行強迫入學程序。」此外，規定也再提及，如果學生「因為家庭清寒、發生重大變故或親職功能不彰，導致不能到校上課或未向轉入學校報到者，學校也應該通報當地直轄市、縣（市）政府，提供必要之救助或福利服務，並得請家庭教育中心提供親職教育之諮詢服務。」

㈥ 反霸凌的落實

霸凌防治的議題是各級學校重要議題，更是關係如何營造友善校園的關鍵，生教組應積極透過集會、故事比賽等活動，或是融合課程教學等多元管道持續落實。依據《校園霸凌防制準則》，所謂霸凌的定義，包括：「指個人或集體持續以言語、文字、圖畫、符號、肢體動作或其他方式，直接或間接對他人為貶抑、排擠、欺負、騷擾或戲弄等行為，使他人處於具有敵意或不友善之校園學習環境，或難以抗拒，產生精神上、生理上或財產上之損害，或影響正常學習活動之進行。」由此可知，霸凌要件如下（教育部，2022）：

1. **持續**：行為不斷的持續發生。
2. **侵害態樣**：以言語、文字、圖畫、符號、肢體動作、電子通訊、網際網路或其他方式，直接或間接對他人為貶抑、排擠、欺負、騷擾或戲弄等行為。
3. **故意行為**：個人或集體故意之行為。
4. **損害結果**：使他人產生畏懼、身心痛苦、財產損害，或影響正常學習活動之進行。

　　此外，教育部（2021）也將霸凌分為五類，包括「肢體霸凌、關係霸凌、言語霸凌、網路霸凌以及反擊霸凌」。值得留意的是，所謂霸凌的發生，往往不限於單一、固定的類型，也有可能同時產生多種的型態。教育部將不同類型，都提出實例來說明，如表11-1所示：

表11-1
常見的霸凌樣態

霸凌類型	舉　　　例
肢體霸凌	對他人身體為打、推、踢、撞、招等行為、搶奪財物等。
言語霸凌	出言恐嚇、嘲笑汙辱、取綽號等。
關係霸凌	1. 排擠孤立、聯合他人來對付某人等。 2. 這一類型的霸凌，往往牽涉到言語霸凌。
網路霸凌	1. 散播謠言、刻意引戰、網路跟蹤、留言攻擊、假冒他人網路身分、發布攻擊或詆毀的圖片影片、散布他人個資等。 2. 除了肢體霸凌外，言語、關係霸凌亦可透過網路來實施。
反擊霸凌	受凌者不堪霸凌者的霸凌，而選擇反擊或去欺負比自己弱小的人，成為霸凌者。

資料來源：教育部（2021）。

四 衛生保健組

(一) 辦理學校衛生教育事務

　　依據《學校衛生法》的規定，學校「應指定單位或專責人員，負責規劃、設計、推動學校衛生工作」，而衛生保健組即為負責全校性環境衛生與教育的推動人員，特別如遇疫情的影響，更需要結合校內外資源，掌握最新的疫情規定，考量師生的身體健康狀況，進行整體性的規劃。

(二) 協助健康中心辦理健康檢查與預防接種

　　衛生保健組為掌握學生的健康情形，依據《學校衛生法》的規定，應該辦理健康檢查，包括「罹患視力不良、齲齒、寄生蟲病、肝炎、脊椎彎曲、運動傷害、肥胖及營養不良等學生常見體格缺點或疾病，應加強預防

及矯治工作」，同時對於學生健康檢查結果，也需要「施予健康指導，並辦理體格缺點矯治或轉介治療。」另外，學校也應該要配合衛生主管機關的政策，辦理學生「入學後之預防接種工作，就國民小學一年級新生，應完成入學前之預防接種；入學前未完成預防接種者，學校應通知衛生機關補行接種。」

(三) 推動垃圾分類、資源回收與環保教育

面對全球化的環境議題，做好學校的垃圾分類、資源回收，更是培養學生愛護環境的重要起點。垃圾分類可以分為一般垃圾及資源回收兩種，資源回收垃圾如廢紙類、鐵鋁罐、塑膠類、寶特瓶類、鋁箔包、家電類等，須依據各縣市政府公告之資源回收分類方式，分類後回收。原則上，環保教育是全校師生皆需共同參與的重要工作，而衛生組則可以透過不同型態的媒介，例如：海報宣導、環保小局長等活動加以推展。

五 體育組

(一) 辦理全校運動會及體育競賽

運動會在各校都是每一個學年度辦理的重要活動，也是體育組主要負責的項目，整體就運動會的籌備內容，可以包括設立籌備委員會、表演節目規劃、比賽項目及規則、趣味競賽、親子體驗活動、獎勵、經費來源等，各組的分工也包括場地組、器材組、招待組、獎品組、服務組、典禮組、總務組、表演組、醫護組、裁判組、紀錄組、檢錄組等。由此可知，運動會的規劃應由各處室相互支援與共同參與。同時，校內的體育競賽，也將視各校的傳統或型態來加以設計，一般包括各項球賽比賽、路跑比賽、拔河比賽、游泳比賽等。值得省思的是，如能結合學校特性與學習意義，深化學生的學習體驗，例如：大學體育系與國小合作，辦理海上運動會，也是擴展學生視野、深化學習意義的多元途徑。

(二) 管理與維護運動場地與設備

校園安全是學生在校學習的基本要件，特別就體育場所的安全更是

不可輕忽，所以校內的各項體育設備，皆需每月做檢查紀錄。依據《教育部主管學校運動設施設置開放管理及補助辦法》規定，校園內相關運動的設施「應由專人負責管理，定期派員檢查」。同時，「檢查人員或其他教職員工發現運動設施有毀損時，應立即通報，並由學校訂定計畫修繕；其有影響安全疑慮時，應立即進行安全維護措施，並儘速完成修繕」。在上述運動場地或設備的檢視時，都應實施「檢查、通報、安全維護措施及修繕，應作成紀錄，其紀錄應包括設施名稱、姓名、日期及時間、項目及結果。」

㈢ 組訓校內各項體育團隊

　　所謂「組訓」就是透過組織訓練，將一群有共同興趣的同學，組成團體加以訓練，以達成既定的目標。因此，為擴展學生參與體育活動的廣度，學校應成立各項校隊來輔導學生參加比賽，一般應包括先進行校內的選拔，再由學校遴選適當師資加以培訓，共同擬訂訓練計畫，組訓團隊參加各項比賽。

第三節　總務處的職掌與實務概況

一 總務主任

　　總務主任的工作職責，包括綜理總務相關工作、出席校務及行政會議，報告總務相關工作，督導全校營繕工作、美化綠化、財產管理、文書處理、財產管理等項目，特別對於採購法的認識與採購業務的了解，更是總務工作推展的核心要項。

二 事務組

(一) 辦理採購業務與整建工程

實務上,採購業務與學校營繕工作是事務組相當辛苦的工作之一,對於「營繕工程」以及《政府採購法》的研習,都需要深入的研讀及分析,對於每年更動的法規條文也需要掌握,方能持續提升營繕工程及設備採購的專業知能。換言之,就採購所涉及的「估價、招標、發包、採購、監工、驗收、結算」等作業程序,皆需依法行政,以協助校務的發展。

(二) 辦理校園安全檢查

校園安全環境的檢查與學生學習的安全息息相關,因此事務組可以參酌《國民中小學校園安全管理手冊》中的「校園安全空間檢核表」(例如:校園門禁管理、天然災害管理、水電設備管理、消防安全管理,以及校園建築管理檢核表等),確實巡檢校園,以符合檢核校園安全之基本原則;若檢核時,發現影響校園安全事項時,應拍照查存,列入修繕或改進之紀錄。

(三) 工友管理

學校工友包括普通工友與技術工友(含駕駛)參與校務工作,而有關工友的管理,事務組也應該依據《工友管理要點》辦理,就工友的僱用、服務、考核與獎懲、請假、待遇、退休、職業災害死亡補償與撫卹等,皆有明確的規定。

(四) 學校場地借用管理維護

學校為了促進與社區居民的良好互動,可以借用場地讓社區民眾辦理正當休閒活動,而為了讓社區民眾更加理解如何善用學校的資源,事務組可以訂定《場地借用管理要點》,就借用內容性質、借用時間與對象、借用費用,以及借用範圍等項目,進行完整的規定,依此建立社區民眾與學校發展之間的正向關係。

三 文書組

(一) 公文收發與處理

文書組長應該熟悉《文書處理手冊》的規定，就「公文製作、處理程序、收文處理、文書核擬、發文發理、文書簡化、文書保密與文書流程管理」等項目，進行妥善的處理。同時，也應該對於印信條例、國家機密保護法、機關公文電子交換作業辦法、公文程式條例等相關法規，有所了解。

(二) 檔案管理與文件傳遞

原則上，學校的檔案管理應該有專人統一負責，並將檔案集中管理。其作業程序包含「點收、立案、保管、檢調、編目、清理、安全維護」等項目。另就文件的傳遞，如遇密件或重要文件（例如：性平、採購、校園安全、人事等），也需再與承辦人確認相關細節，避免失誤的情形。

(三) 處理全校性會議紀錄

校務會議與行政會議，一般皆屬全校性重要會議，應由文書組負責出席人員的簽到以及會議紀錄，並秉持詳實、完整的原則，記錄整理完畢，送校長核閱，再送相關單位與出席人員。此外，文書組也需要協助記錄學校大事紀，例如：校舍改建、校長交接、學校獲獎記錄等。

四 出納組

(一) 收支款項的核算、交存及現金保管

出納組每天應做好收入、支出的核算工作，也就是進行「代收款、代辦費、暫收、暫付、預付、墊付款項之收支保管及存解」，同時應妥善做好現金的出納保管，以及編製現金結存表。此外，出納組必須遵守政府對專戶存管款項收支管理的規定，避免爭議發生。

(二) 編製員工薪資清冊、各項扣繳

出納組應負責員工薪資清單及各項扣繳員工薪資、年終獎金、退休金

及慰問金等之請領、發放及代扣解繳。再者,在薪資的支付之前,應先與
人事資料核對相符之後,確認項目的正確性、所得稅的扣法、是否按時存
入,以及代扣繳項目的註明等。

第四節 輔導處的職掌與實務概況

一 輔導主任

　　輔導主任的工作職掌,包括依據校長的指示,規劃推展全校輔導活
動,以及協助輔導室不同工作業務之推展,並規劃輔導工作內容,同時也
需主持輔導處室的工作會議、特教會議及個案研究會議。另外,就學生輔
導問題,需協助教師一同推動輔導工作、解決學生的難題,並與不同處
室、全校教師建立暢通、正向的溝通模式。實務上,在教育部學生輔導資
訊網(https://www.guide.edu.tw/ebooks),亦有提供中小學學生輔導工作手
冊,內容多元及提供不同案例可供參考,頗具參考價值。

二 資料組

(一) 整理、分析與保管學生的相關輔導資料

　　輔導工作的落實有益於學生全人教育的發展,所以輔導資料的建置更
可以說是落實學生輔導的重要依據。輔導資料的建置過程,需要遵守《個
人資料保護法》的規定,維護學生的權利。除此之外,因應十二年國民基
本教育,國中生也要在輔導老師與導師的引導之下,完成生涯輔導紀錄手
冊,作為未來升學抉擇的重要參考。

(二) 實施學生的智力、性向、興趣與人格測驗

　　資料組透過蒐集學生多元的資料,更有益於作為學生適性輔導的參
考。所謂智力測驗就是用來評量學生的智商,性向測驗用來測量學生的學

習潛能，興趣測驗測量學生對事物、活動的喜歡程度，而人格測驗則是用來測量學生的人格特質。資料組長皆需熟悉不同測驗工具的特性，並就不同階段或特殊需求的學生予以施測。

(三) 出版輔導刊物與提供升學資訊

輔導刊物的出版，一般包括學生升學的資訊、家長輔導管教的建議策略、學生作品、輔導專欄、社團活動、學校動態、校友資訊等，由此可知，輔導刊物是建立親師生三者互動的良好管道，實務上的運作，建議應有主題性及時代性，主題性就是宜聚焦單一主題，再以多元面向呈現，例如：社團活動中，呈現不同社團活動的運作，而時代性就是強調學生輔導專欄、家長輔導管教等，宜結合當代重要議題適性調整。此外，隨著數位化時代，也可以藉由電子報方式呈現，提高親師生共同閱讀輔導刊物的機會。

(四) 結合家長會推動親職教育與生涯教育活動

學校為落實親職教育的推展，應該促進家長的成長與建立良好的親師合作關係，所以可以依照相關規定，協助成立家長委員會，各校的家長會多分為班級家長會和家長代表大會，實務上建立家長會與學校之間的正向關係，無疑是校務推展的一大助力。同時，資料組也要積極辦理生涯教育相關活動，以培養學生做好自我覺察、提升自我探索的素養。

三 諮商組

(一) 實施學生輔導與諮商

學生輔導與諮商，屬於學校相當重要的工作，依照《學生輔導法》第6條的規定，學校應視學生身心狀況及需求，所提供的三級輔導內容如下：

1. 發展性輔導（一級輔導）：「為促進學生心理健康、社會適應及適性發展，針對全校學生，訂定學校輔導工作計畫，實施生活輔導、學習輔導及生涯輔導相關措施。」

2. **介入性輔導（二級輔導）**：「針對經前款發展性輔導仍無法有效滿足其需求，或適應欠佳、重複發生問題行為，或遭受重大創傷經驗等學生，依其個別化需求訂定輔導方案或計畫，提供諮詢、個別諮商及小團體輔導等措施，並提供評估轉介機制，進行個案管理及輔導。」

3. **處遇性輔導（三級輔導）**：「針對經前款介入性輔導仍無法有效協助，或嚴重適應困難、行為偏差，或重大違規行為等學生，配合其特殊需求，結合心理治療、社會工作、家庭輔導、職能治療、法律服務、精神醫療等各類專業服務。」

㈡ 落實性別平等教育、家庭暴力防治與性侵害防治、生命教育等輔導與教學活動

性別平等教育強調透過教育的方式，培養學生尊重多元性別，以達到建立實質性別平等地位的目標。依據《性別平等教育法》的規定，「中小學每學期實施性別平等教育相關課程或活動至少4小時，通報也不可以超過24小時」，而依據《性侵害防治犯罪防治法》規定：「高級中等以下學校應實施2個小時以上之性侵害防治教育課程」，同時按照《家庭暴力防治法》的規定：「每學年也應該實施4個小時以上的家庭暴力防治課程。」上述可知，諮商組必須熟悉相關性別平等教育法規的內容，並且落實推展相關教育課程或活動，以避免學校性侵害、性騷擾等非法行為的產生。

而生命教育著重學生珍惜自我的生命和尊重、關懷不同的生命，對於學生終身人格的發展影響甚鉅，也是學校諮商組應積極推動的重要工作。依照《自殺防治法》的規定，應該推廣及辦理自殺防治守門人的專業教育培訓，而「自殺防治守門人就是扮演早期發現、干預與協助的角色，希望可以看到求救訊息時，給予協助」。

㈢ 辦理學生認輔的工作

學生輔導工作，除了全面性的推展，對於校內學生如有適應困難的情形、行為產生偏差的學生，或是中輟復學的學生，皆需提供適性化的協助，而除了教師可以參與認輔的行列，包括具有輔導專業知能的退休教師、家長或民眾，皆可參與認輔學生的工作。整體而言，主要依據《教育

部推動認輔制度實施要點》辦理，也就是說，應該「定期召開學校輔導計畫執行小組會議，研議討論學校認輔工作執行計畫及執行情形，同時也要規劃認輔教師參與研習、安排認輔教師接受專業督導」。

四 特教組

(一) 實行特殊教育推行委員會

依據《特殊教育法》規定，學校應該成立特殊教育推行委員會，其組成以及運作的方式，都必須按照規定辦理。委員會的任務，主要包括「推動特殊教育工作計劃、召開安置及輔導會議、審議分散式資源班的計畫、整合特殊教育資源及社區特殊教育資源體系、推動無障礙環境及特殊教育宣導工作等。」委員會的組成，除了包括校內的校長、主任、老師之外，也包括資賦優異及身心障礙學生的家長代表。

(二) 辦理各類身心障礙學生、資賦優異學生之鑑定安置

依據《身心障礙及資賦優異學生鑑定辦法》，對於身心障礙學生的鑑定方式，「應採多元評量，依學生個別狀況採取標準化評量、直接觀察、晤談、醫學檢查等方式，或參考身心障礙手冊（證明）記載蒐集個案資料，綜合研判之。」實際上，上述身心障礙實務鑑定的過程，特教組應該與導師進行密切的連絡，並辦理身心障礙鑑定的說明，以化解家長的疑問，給予學生適切的協助。此外，就資賦優異學生之鑑定，其規定也提到，應以「標準化評量工具，採多元及多階段評量，除一般智能及學術性向資賦優異學生之鑑定外，其他各類資賦優異學生之鑑定，均不得施以學科（領域）成就測驗。」

(三) 規劃推動個別化教育方案的實踐

個別化教育計畫（Individual Education Program, IEP）是國內提供給身心障礙學生教育服務的重要依據，也就是不管是安置於普通班、資源班、特教班或特殊學校等，IEP的重要目標就是協助「每一位」身心障礙學生，都可以享有優質適性化教育的服務。一般而論，IEP內容包含：「學生能力現況、家庭狀況及需求評估；學生所需特殊教育、相關服務及支

持策略；學年與學期教育目標、達成學期教育目標之評量方式、日期及標準；具情緒與行為問題學生所需之行為功能介入方案及行政支援；學生之轉銜輔導及服務內容等」（全國特殊教育資訊網，2023）。此外，就資優學生所擬定的計畫，則稱為個別輔導計畫（Individual Guidance Plan, IGP）。

(四) 協助教師落實融合教育的理念

融合教育（inclusive education）係指讓身心障礙學生可以到普通班的環境，一起進行不同層面的學習，重要理念在於培養身心障礙學生與同儕間互動的學習、生活經驗，也同時培養一般同學們與身心障礙學生人際之間的互動、包容與同理等能力。在此歷程，確實需要普通班所有教師、特殊教育教師與相關專業人員的合作，方能真正落實融合教育的理念。所以，特教組長即有責任支持、協助教師精進有關融合教育的專業知能，包括親師溝通、教學方法、班級經營、輔導管教策略等。

參考文獻

任晟蓀（2003）。**學校行政實務**。五南。

全國特殊教育資訊網（2023）。**個別化教育計畫**。網址https://special.moe.gov.tw/

吳清山（2021）。**學校行政**。心理。

張文權（2022）。素養導向為觀察焦點的TDO觀課實例。載於教育部師資培育與藝術教育司（主編），**授課教師主導觀察（TDO）的理論與實務**（頁113-136）。五南。

教育部（2021）。**常見校園霸凌樣態**。教育部防治校園霸凌專區。網址https://bully.moe.edu.tw/problem_details/43

教育部（2022）。**第一部分 總則篇**。教育部防治校園霸凌專區。網址https://bully.moe.edu.tw/problem_details/43

鄭彩鳳（2008）。**學校行政研究：理論與實務**。麗文。

案例討論

偏鄉新進教師的行政挑戰與成長：王老師的故事

　　王老師是一名剛報到的國文女教師，任教於一所偏鄉國中，並兼任生活教育組長，負責校安通報、輔導與管教，以及支援導師班級經營。偏鄉學校行政人手不足，她除了教學還要負責多項行政工作，壓力倍增。雖期待透過這項職務快速融入校園，但對行政工作的細節仍感到迷茫。

　　開學不久，王老師就面臨多重挑戰。一名學生因校外衝突需進行校安通報，但王老師不熟悉流程，花了大半天時間詢問相關單位，仍擔心遺漏關鍵細節，影響學生權益。導師求助處理學生霸凌問題，但王老師缺乏輔導與管教經驗，還有性別的刻板印象也讓許多導師不信任。此外，偏鄉學生多來自弱勢家庭，行為問題頻繁，讓王老師的工作壓力倍增。同時，許多的行政事務占據大量時間，她的教學準備被迫延後，長期的疲憊感也深感挫敗。

　　為了改善現狀，王老師參加校安通報培訓，向主任學習處理學生問題的策略，並參加跨校教師社群以提升輔導與管教能力。此外，她也將部分簡單的行政工作分配給學生幹部，同時建立良好的師生關係。最後學期末，她熟悉了學校行政運作，也在輔導與管教上逐漸找到自信，體會到兼任行政是專業成長的寶貴機會。

資料來源：作者自編。

討論問題

1. 王老師在兼任生活教育組長的過程，你認為她從行政工作中獲得了哪些專業成長的機會？
2. 王老師採取的策略中，請討論哪一點最值得學習？為什麼？

3. 如果你是王老師，會如何在教學與行政之間取得平衡？還有哪些具體的方法可以嘗試？

考古題

1. 何謂「多元性別」？與「多元性別」相關的性別歧視（discrimination）有那些？如何從學校教育開始行動，消除此類性別歧視？（104年高考）

2. 近年來校園霸凌問題層出不窮，政令頻頻宣導師生應注意校園安全，以進行適當的霸凌防治措施。(1)校園霸凌的種類有哪些？列舉五項並扼要說明之。(2)以輔導角度來處理校園霸凌時，宜考慮哪些面向？（至少提出3項）並分別扼要說明之。（105年教師檢定）

3. 面對身心障礙學生，在教學與多元評量方面，有哪些需要調整以適應其個別差異？並請舉例說明之。（107年高考）

4. 依據教育部國民學前教育署補辦理國民小學及國民中學學生學習扶助作業要點之規定，主要篩選哪些科目（領域）？（109年教師檢定）

5. 請說明「國民小學及國民中學學生學習扶助」實施的主要精神、實施的科目（領域），以及國中小落實並有效實施此計畫必須注意的事項（請寫出5項）。（113年高考）

GPT輔助自主學習的關鍵提問

‧請使用GPT軟體平台，模擬一位中小學的行政人員，在遇到不同的情境（例如：朝會、畢業典禮、行政會議等），要如何有效表達自己業務的重點呢？並請和同儕練習一下，如何更流暢的表達出來。

【學習概念：跨域整合】

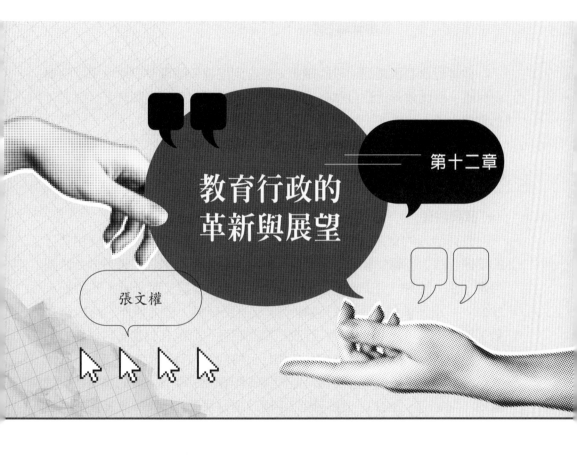

第十二章

教育行政的
革新與展望

張文權

　　因應政治、經濟、社會、科技、疫情等影響因素快速的
變化，教育行政所關注的新興議題也會隨之變動，可見教育
行政革新值得持續性的思考與投入。本章共分二節，闡述教
育行政的革新議題與展望理念，第一節為教育行政的革新，
第二節是教育行政的革新展望。

第一節　教育行政的革新

　　教育行政著重透過手段的概念，來達到促進教師專業與學生學習的重要目標，因此教育行政自然有不同的議題待重視。茲就相關教育行政之革新重要議題，論述如下：

一　教育行政著重教育治理與責任意識

(一) 教育治理

　　教育治理的意義，就是政府與相關行動者，在教育政策形成和執行的集體行為，也屬於教育事務相關行動者的動態互動過程，可以分為法制治理、法人治理、市場治理與網絡治理等不同類型（謝卓君、閔詩紜，2022）。這一種教育治理的過程，涉及公民參與、權力運作、跨組織互動，正好符合教育行政與學校行政組織的特性，原因在於當前自《地方制度法》與《教育基本法》陸續公布施行，將地方教育賦予為縣市政府的權責，縣市擁有比以往更多的自治空間與支配資源，享有充分的決策權與裁量權（施喻琁，2023），此時如何平衡「權力共享」與「肩負責任」的理念，即為代表教育治理的重要價值。

(二) 社會責任

　　隨著全球化的影響，永續議題已成為國內相當重視的焦點，而社會責任著重除了對自我組織發展的責任，也需對社會具有道德與義務，其核心之一即在於推動永續發展，目前社會責任更已成為全世界大學發展的趨勢，特別就環境保護及和在地生態系統的共存，已成為國際特別重視的焦點（楊正誠，2021），由此可知，永續發展不應該只是政府或企業領域重視的面向，對於教育行政組織，更應該重視社會責任與永續發展的相關議題，引導學校將永續教育融入課程教學、班級經營、行政管理等各環節，爰此，教育部為了讓教師深入了解聯合國永續發展17項目標（UN Sustainable Development Goals, SDGs），也於2020年出版《永續發展目標教育手冊》，希望有益於學校落實永續教育，綜觀SDGs的理念，可以經由學習意義、課程連貫、教學適切、活動整體、行政領導等向度加以實踐（張文權，2024）。要言之，社會責任與永續發展的應用，應列為教育行政重視的革新趨向。

㈢ 績效責任

　　教育行政與學校組織運作，應致力於效率的發揮以及效能的達成，而經由績效責任的概念，即可視為確保組織效率與效能的重要基石。績效責任的概念，其實就是一種從強調個人勇於承擔責任，到團隊成員之間願意共同負責，並且增權賦能的過程（張文權、范熾文，2021）。所以績效責任的本質，具有「課責、交待、回應、公開」等特性，例如：過去不適任老師曾成為社會關注的議題，所以目前校園內已訂有「校園事件處理會議」機制來處理不適任老師，校事會議顯然已成為往後學校治理的「新常態」，無可避免和學校內的教學與師生互動有關，所有利害關係人皆須坦然面對，局內人尤須公平謹慎處理（陳成宏，2023）。

二　教育行政聚焦專業分工與跨域協作

㈠ 數位科技

　　科技的應用應是人類社會所必備的重要能力之一，特別就人工智慧的快速發展，勢必影響人類生活的不同領域，教育行政與學校組織，此時更需要以主動積極的態度，面對此一不可逆的趨勢。對於教育行政革新的作業層次方面，善用資訊整合知識，以及促動知識的流動是可行的方式，而就策略層次上，如何善用人工智慧、虛擬實境與擴增實境，提高行政決定的效率，進而作為組織學習新的層面，營造智慧校園，皆是值得反思之處，而在高度運用科技的同時，資訊倫理及隱私的議題，更是不容忽視的觀點。

㈡ 跨域協作

在多變、資訊化的社會，許多不同的專業知識分工愈來愈細，教育行政與學校行政組織如果想要建立組織快速學習、有效適切決定的機制，善用跨領域協作的理念，勢不可免。原則上，協作是複雜的歷程，因此其中牽涉相當多因素，但與合作概念相比，協作更加強調「相互依存／權力分享」、「成員間信任」、「高能動性」、「綜效創造新事物」（阮孝齊、蔡進雄，2022）。因此，組織發展更應該善用協作理念，不論教師專業的對話、國際教育的交流、課程知識的建構、行政流程的設計、學校資源的再造等，應著重於協作的觀點，以發揮出資源整合的綜效。

㈢ 行政素養

素養著重於個體面對環境如何學以致用，以及如何善用知識來適應環境，進而改善環境的理念。此一素養的概念，在十二年國民教育課程中，已成為重要的學生學習概念，在教師專業發展領域，也成為倡導教師專業素養的重要觀點。同時，就教育行政組織中，也應該重視教育與學校行政人員素養的培育，也就是說，聚焦於行政素養的多元觀點，意即重視行政人員在面對不同的情境下，進行適切的決定，遭遇不同的對象，可以適切的溝通，身處不同的組織，展現適切的領導。具體而言，涵蓋決定素養、溝通素養、領導素養等角度，皆是值得探究的方向。

三 教育行政朝向正向發展與多元發展

㈠ 正向行政

當前可能因為社會價值轉變，以及行政任務的繁重等原因，以致教師普遍不願意接任行政工作的現象，並成為許多學校難解的困境。更甚之，教師兼任行政工作所帶來的倦怠感，還會導致學校知識與文化的不穩定、教師兼任行政滿意度的下降、個人的情緒耗損，以及降低對組織的承諾感（張文權等，2023）。因而，建立正向的教育行政與學校行政思維，確實是穩定行政人力的關鍵因素，如同吳清山（2016）主張，秉持正向的理念，投入於校長領導、教師專業、學生學習、學校經營與社會文化，是當

今重要的焦點。所以，透過政策、領導、文化、課程等管道，關注如何營造正向的教育行政工作環境，值得持續性的分析。

(二) 實驗教育

面對家長的期待以及資訊社會的發展，實驗教育三法的確立，已經為國內不同教育的型態，帶來多元的可能性，循此而論，「實驗教育」強調的是，不同於主流課程及教育體制的教育模式，重點在確保學生的多元學習需求，以及家長教育的選擇權，並依此歷程再反思學校教育的可能思維（陳榮政，2021）。目前實驗教育的推展，在國內各地已不斷興起，在多元化的浪潮下，此議題應當會更加受到重視，然而是否實驗教育的推動，可以達到親師生所期望的學生學習成效，實驗教育的師資培育標準，是否有其標準化的內涵，每一位學生不論是否就讀實驗教育學校，都應該受到重視，所以隨著實驗教育的多元並茂，持續檢視其運作過程及學習成效，有其重要性。

(三) 非典型議題

傳統上，在教育行政理論發展或實踐應用，長期皆較為重視於正向及科學的思維路徑，就實務現場觀點，教育及學校組織是由人所組成的小型社會，特別就學校組織，兼具教學及行政的雙重系統特性，當然不會只有線性或理性的發展。陳成宏（2022）即指出，教育行政非並獨尊於單一典範或學派，雖然典型及和諧面的研究受到重視，但是非典型概念與潛藏現象也是值得深入分析，前者彰顯教育行政的傳統取向，後者提出全方面了解教育行政的互補新視野。舉凡行政霸凌、行政潛規則、行政決策艾比林弔詭（張文權等，2018；陳成宏，2011；陳成宏、張文權，2018），或是其他非典型的行政議題，對於充滿多元變化的行政情境，實有探究之必要性。

第二節　教育行政的革新展望

　　依據教育行政的不同革新議題，可見如果想要不斷推動教育行政的發展，更需因應情境變化，探索適切的思維以引導革新的方向，下列茲就教育行政的革新展望，分述如下：

一　政策制定民主化

　　所謂教育政策，係指政府部門為解決某項教育問題，或滿足某項公眾的教育需求，決定如何做的政策行動，以及該行動對公眾產生的影響（黃玉寧、劉鎮寧，2021），由此可知，教育政策的擬定與學校行政息息相關，概念上，國家教育政策常是扮演自變項的角色，而依變項就是學校教育擔任的角色，例如：頒布教育法令之後，學校就必須依照規定實行，故政策本身代表的理念深深影響教育的發展（蔡進雄，2014）。綜上所言，一方面教育政策是為解決問題及滿足需求的行為思維，另一方面則是影響學校教育的重要因素，教育政策在擬定內涵的同時，應該要以利害關係人的需求及問題解決為首要之務；換言之，就是要站在教育政策推動之後，所可能受到影響的民眾為立場，思考政策的預期目標及操作手段之間是否合理，這一種政策制定的過程，應該依照民主化的觀點，讓社會公眾皆有參與以及表達的權利，最明顯的例子就是「公共政策網路參與平台」的機制，努力將公部門的政策計畫，朝向公民參與、公開透明以及溝通互動的目標，進一步強化經由政策改善社會的價值。

二　教育行政治理化

　　治理（governance）一詞，可以稱為一種治理或監督某事物（例如：國家或組織）的控制和方向之行為或過程（Merriam-Webster dictionary, n.d.），可見教育治理泛稱為，一種政府與社會共同管理教育相關事務的

理念型態（ideal type），論其特性包含了「跨域」與「協力」兩種要素，首先「跨域」就是指在政策擬定或行政執行的過程，會整合公部門、私部門與非營利部門（或第三部門）等多元個體與組織，再者「協力」就是強調能跨越不同部門、不同組織、不同政策領域、甚至不同行政管轄權的運作疆界，發揮綜效（謝卓君，2022）。此外，吳清山（2020）也強調教育治理的主要目標，一方面要考量組織的特性，擁有一定的自治權力（autonomy），一方面在實行自治權力時，也要求組織具有相當的績效，亦即負起績效責任（accountability），期望組織重視效率與效能。上述可知，重視「自治權、績效責任、跨域整合及協力綜效」的治理概念，正是貼近現今教育法規鬆綁的情境脈絡，例如《國民教育法》2023年所修訂通過的要點，將提供學校現場教師員額配置與教學之活化彈性、給予學校行政組織更大的彈性調整幅度，無疑彰顯出學校已經邁向自治及自律的治理空間，教育與學校行政人員，應重新思考「跨域」再概念化的可能性，依此創造新型態的資源整合模式，發揮教育治理與學校治理的統合綜效。

三 組織學習科技化

　　面臨VUCA時代的來臨，代表Volatility（變動性）、Uncertainty（不確定性）、Complexity（複雜性）、Ambiguity（模糊性），已經成為社會與教育環境的常態，VUCA 既是顛覆性創新的結果，也是其驅動力（Millar et al., 2018）。循此，如何化解VUCA時代的影響，實屬催化組織發展的契機，而「組織學習」的概念，應該可以成為協助教育與學校組織，適應變動環境的重要解方。Simon早在1953年，就提出「組織學習」一詞，他發表於《公共行政評論》期刊中的〈組織的誕生：經濟合作行政管理〉（Birth of an organization: The economic cooperation administration）一文，強調組織進行再造與發展，就是一種學習過程（賴協志，2011）。概念上，組織學習包括個人、團體與組織三種層面分別及共同學習之意，這三種層次各具特性又相互關聯，個人著重專業成長及心智模式、團體強調知識分享與創新、組織代表知識制度與文化，且又含有顯性及隱性知識交流，以

及單環學習與雙環學習，有助於組織適應環境（范熾文、張文權，2016；Argyris, 2002），同時因應人工智慧、資訊科技的發展，科技化輔助組織各層面的學習，應可視為化解VUCA時代影響更有效的策略，例如：行政管理的制度，可以藉由線上填報系統進行績效責任的掌控，教師專業發展的制度，亦可善用人工智慧的平台，作為創新課程、教學與評量的重要基礎，再以學生學習為例，當前的學習扶助科技化評量平台，即為科技結合學習的重要推展，而善用虛擬實境、擴增實境作為創新學習的媒介，也屬於值得思考的走向。

四 教師專業協作化

教育行政革新的動力，主要來自於教師的專業能力，誠如Fullan（2016）所述，意義性的教育變革，重要關鍵就在於教師的專業能力及參與投入，這也是成功的教育變革之道。但是，在教育與學校行政的實踐過程，教師不管是兼任行政或是導師職務，都是屬於提升組織效能的重要夥伴，因此應先針對教師的意義，予以更全面性的觀點界定，進而探究教師如何運用協作來促進教師專業，實為重要路徑。其實協作是一種新的想像，可以整合教師個人所分享、設計、為了目標所共同創造的概念，形成新奇的事物（Howard, 2019），而教師協作泛指為教師在智識上群策群力的意義，計有共同工作、共同創新、共同努力、共同設計，或共同分享等概念，而在共同協作的過程，十分強調教師的需求與互動的關係（張文權、范熾文，2022）。可想而知，就教學的多元發展及科技的日新月異，教師專業更需要彼此的專業對話，方能創造出新的思維，不管是學校組織學習或是教師社群學習，運用協作的理念，可謂為主要趨勢。環視近年來許多自主性的教師社群與多元模式，已如雨後春筍般迅速發展，主題包含創新教學、科技教育、班級經營等議題，可見教師專業有其高度的需求性。同時，整全性的課程治理觀，著重學校為不可分割的整體思維，透過跨系統的協作，串連人的系統（主任、組長與老師），以及組織系統（學年、領域、全校、志工、家長），建立共享、共治與共同承擔的特性（陳英叡，2023），也屬於教師專業協作化的理念實踐之一。

五 弱勢學習正義化

　　面對多元化的全球發展趨勢，社會正義已成為高度關注的議題之一。在學校教育的環境中，為建立學生擁有公平的學習機會、資源及環境，教師非常需要秉持社會正義的信念，解決遭遇的困境，遵守社會正義的原則（張文權、范熾文，2023）。例如：隨著COVID-19新冠肺炎疫情的影響，不同族群的歧視問題也接踵而來（Bosman et al., 2020），由此可知，對學生學習及生活權益的基本保障，是學校最基本的任務，學校行政人員與教師在進行課程教學、行政管理、班級經營、輔導管教的決定時，都應該透過正義為指引，以符合公平與民主。同時，聯合國公告《身心障礙者權利公約》（The convention on the rights of persons with disabilities, CRPD）後，國內也積極推動此人權公約，保障身心障礙者各項權利，包含不歧視、尊重多元性、機會均等、保障身心障礙兒童的權利等原則，並鼓勵身心障礙者自我倡議及自我決定，表達需求及聲音，此也正符合融合教育的理念。循此所述，弱勢者的廣義層面，含有身心障礙、文化、族群及經濟不利等，而弱勢者教育，則應該屬於促進學校社會正義的核心理念，針對弱勢者學習的相關政策或行政決定時，是否能在平等自由的前提下，給予弱勢學生適切的幫助，同時在文化的營造上，也應該從教師本身的專業為起點，影響學生建立互相尊重及支持的氣氛，據此建立文明的友善社會。要言之，弱勢者學習的社會正義議題，相信對於教育行政革新來說，深具高度探究的價值。

六 家長參與公平化

　　在少子化的現象之下，家長參與學校教育的議題方興未艾，依據《國民教育階段家長參與學校教育事務辦法》的規定，家長、家長會及家長團體，得依法參與教育事務，並與主管教育行政機關、學校及教師共同合作，協助學生適性發展。此意即家長參與學校教育有明確的法源依據，親師合作是教育及學校行政持續關注的焦點。在學校現場，家長的參與是建

立一所有效能學校的重要特徵,更重要的是,家長的參與將對學生、家長以及學校,產生正面的教育成效(林明地,1999),依此可知,家長參與可以對學校發展帶來的正向價值,然而「家長權責」以及「家長公平參與」的議題仍有待重視,所謂家長權責,亦即在家長參與權力的同時,還是有許多家長無力負擔管教的責任,政府有必要訂定《家長教育法》規範父母教育子女之責(吳清山,2022),而家長公平參與的議題,也代表社會如何兼顧弱勢社經背景的家長參與,將是一大挑戰,也是教育相關政策推動上不可忽略的課題(李森永,2019)。綜言之,教育與學校行政面對家長參與的趨勢,應以正向的立場看待,視不同家長的情形給予協助或課責,另需值得思考的是,面對家長的參與,也需留意學校是否受其潛規則的影響,而不自覺地影響弱勢家長及學生的權益。

參考文獻

吳清山(2016)。**教育的正向力量**。高等教育。

吳清山(2020)。新冠肺炎疫情時代教育治理之探究。**教育行政與評鑑學刊,27**,1-28。

吳清山(2022)。**教育概論**。五南。

李森永(2019)。縮小家長參與教育機會不平等的策略。**國家教育研究院電子報**,188,下載於https://epaper.naer.edu.tw/edm.php?grp_no=3&edm_no=188&content_no=3327

阮孝齊、蔡進雄(2022)。教師專業學習社群的提升發展:從合作、協調到協作。**教育行政論壇,12**(1),31-48。

林明地(1999)。家長參與學校教育的研究與實際:對教育改革的啟示。**教育研究資訊,7**(2),61-79。

施喻琁(2023)。地方教育治理常見問題與解決策略。**臺灣教育評論月刊,12**(5),121-126。

范熾文、張文權(2016)。**當代學校經營與管理新興議題**。高等教育。

張文權(2024)。培養學生的社會責任感:應用SDGs融入國民中小學關鍵

成功因素之探究。**臺灣教育評論月刊**，**13**(4)，52-57。

張文權、林明地、陳信助（2023）。「教師兼任行政工作倦怠」相關議題研究之回顧分析：以《學校行政》期刊論文為範疇。**學校行政**，**146**，60-87。

張文權、范熾文（2021）。國小教師績效責任領導影響學生學業樂觀之關係─以教師專業學習社群為中介變項。**香港中文大學教育學報**，**49**(1)，73-95。

張文權、范熾文（2022）。成為新教師：VUCA時代的教師協作挑戰與策進作為。**教育研究月刊**，**333**，40-54。

張文權、范熾文（2023）。落實學校社會責任的起點：教師社會正義領導者的信念、困境與實行原則。載於高家斌（主編），**邁向公平正義的教育**（頁127-146）。111教育發展協進會。

張文權、陳成宏、范熾文（2018）。學校行政人員霸凌行為概念模式與影響因素之研究。**教育行政與評鑑學刊**，**23**，47-83。

陳成宏（2011）。教育行政「潛規則」之理論探討與概念模式建構。**當代教育研究季刊**，**19**(3)，121-159。

陳成宏（2022）。**教育行政新視角：非典型概念與潛藏現象**。元照。

陳成宏（2023）。後疫情時代學校治理的新常態─校事會議運作過程之多元現象分析。**中等教育**，**74**(2)，16-28。

陳成宏、張文權（2018）。組織防衛：國民小學學校行政決策中「艾比林弔詭」之探討。**學校行政**，**118**，85-110。

陳英叡（2023）。整全學校課程運作系統。載於洪詠善、陳英叡（主編），**整全式學校課程發展與實務**（頁10-15）。國家教育研究院。

陳榮政（2021）。我國實驗教育實徵研究之分析與展望。**教育研究與發展期刊**，**17**(4)，69-96。

黃玉寧、劉鎮寧（2021）。臺灣教育政策與政治關係分析之研究。**正修通識教育學報**，**18**，25-43。

楊正誠（2021）。大學社會責任發展的國內外趨勢。**評鑑雙月刊**，79，下載於https://www.heeact.edu.tw/1151/1165/43078/43082/43115/44749/

蔡進雄（2014）。國家教育政策對學校教育的影響。**國家教育研究**

院電子報，100，下載於https://epaper.naer.edu.tw/edm.php?edm_no=100&content_no=2383

賴協志（2011）。組織學習的發展歷程、內涵及其與學習型組織之關係。研習資訊，**28**(6)，47-60。

謝卓君（2022）。教育治理之跨域途徑與協力策略。**教育研究集刊**，**68**(2)，39-79。

謝卓君、閔詩紜（2022）。臺灣閱讀教育治理之城鄉差異探究。**教育科學研究期刊**，**67**(4)，73-104。

Argyris, C. (2002). Double-Loop learning, teaching, and research. *Academy of Management Learning & Education*, *1*(2), 206-218.

Bosman, J., Stockman, F., & Fuller, T. (2020). *'Are you sick?' For Asian-Americans, a sneeze brings suspicion*. Retrieved from https://www.nytimes.com/2020/02/16/us/coronavirus-american-mood.html?smid=url-share

Fullan, M. (2016). *The new meaning of educational change*. Teachers College.

Howard, P. (2019). Collaboration as a new creative imaginary: Teachers' lived experience of co-creation. *Indo-Pacific Journal of Phenomenology*, *19*(2), 91-102.

Merriam-Webster dictionary (n.d.). *Governance*. Retrieved from https://www.merriam-webster.com/dictionary/governance

Millar, C. C. J. M., Groth, O., & Mahon, J. F. (2018). Management innovation in a VUCA world: Challenges and recommendations. *California Management Review*, *61*(1), 5-14.

偏鄉學校的逆境與突破

陳校長於年初剛轉調到偏鄉○○學校任職，猶記得開學第一天的升旗時，校長急於請老師點名，因爲他心中最在乎的問題是—孩子有沒有都來上學？

「報告校長：有xx位沒有來。」

「是什麼原因讓他們沒有來上課？」

「校長，他們過幾天就會來了，因爲他們要去幫忙農忙，要去割稻。」

「家長難道不知道讀書這件事很重要嗎？」

「沒有辦法，他們家裡人手不夠。」

○○學校全校只有四個班級，高達60名（占整體85%）是單親、隔代教養、低收清寒、原住民、身心障礙等弱勢家庭的孩子，本地家長以務農和打零工爲業，經濟弱勢占全校42%。而學校除了存在「家庭弱勢多元」，還有著「文化多元」，原住民學生、漢族（客家和閩南）與新住民各占三分之一。文化背景的差異也讓孩子面對的生命議題不一樣，學校老師要面對處理的，不僅是孩子的學習狀況，還有數不完的生命議題。

面對上述困境，校長與教師不斷的討論，透過學生特性的觀察，反思後認爲「唯有走入現場，才有辦法完全理解孩子」，所以主張「社團」是老師們找到的機會點，積極引進社會資源，成立多元的社團，同時也讓學生「從老師的愛中學會家人般的互動，從社團中感受到完整的家」。

在師生長期的投入，學校也積極引進社會資源並創造學生的舞台，所以○○學校合唱團每年都會進行兩次的公益演出和公益服務，這其中包含了每年舉辦慶祝收成的草地音樂節—「穀稻秋聲」，孩子

們就在山谷背景、大型露天表演台上演唱，周圍的田野中有幾百位外地來的觀眾在野餐，孩子們完全不怯場，樂在其中、樂於拿他們最屬害的能力跟觀眾互動。

　　透過學校長期在社團的努力，引進社會資源，創造師生互動的機會，也在社團努力的過程，一步一步建立學生同儕互動情感，提升學生的學習自信。

資料來源：改寫於普仁基金會（無日期）。**感恩是一輩子可以、也必須學會的態度**。下載於https://www.you-care.org.tw/OnePage.aspx?tid=167&id=1678

討論問題

1. 請討論案例中，學校存在哪一些社會正義的困境？
2. 請討論案例中，符合十二年國民教育政策哪一些理念？
3. 請討論案例中，可以看到哪一些教育行政革新的趨勢議題？

考古題

---

1. 新公共管理的重要機制之一是建立績效導向的管理工具，而具體化的內容就是績效指標的設計，但公私部門的績效指標設計考量重點，未必全然相同，試問其主要差異為何？（104年高考）
2. 公共治理為新近崛起的研究途徑，從全球到社區可以將公共治理分為哪三種層次？請論述各層次的內涵，並以「新冠肺炎（COVID-19）」疫情衝擊為例，說明如何應用此三種層次來進行防疫作戰。（109年高考）
3. 領導是一門科學，也是一種藝術，有效的學校行政領導，直接影響校務的發展。因此，要發揮有效的學校行政領導，可從哪些途徑著手？請說明之。（110年普考）
4. 說明何謂融合教育？為什麼推行融合教育政策可以達到《身心障礙者權利公約》中尊重多元性的目標？（112年教師檢定）

GPT輔助自主學習的關鍵提問

· 回顧這學期使用GPT軟體平台的經驗,包括模擬角色、設計激勵語言、
規劃情境、尋找方案或優化思維等,請思考哪些方式最有幫助?未來還
可以用來改善我們擔任老師時的什麼問題?

【學習概念:自我省思】

國家圖書館出版品預行編目(CIP)資料

素養導向之教育行政學：搭配案例討論與
試題研讀/范熾文，張文權著. -- 初版.
-- 臺北市：五南圖書出版股份有限公司，
2025.01
面；　公分
ISBN 978-626-423-084-1(平裝)

1.CST: 教育行政　2.CST: 學校管理
3.CST: 文集

526.07　　　　　　　　113020127

118J

素養導向之教育行政學
搭配案例討論與試題研讀

作　　　者 ― 范熾文、張文權

編輯主編 ― 黃文瓊

責任編輯 ― 李敏華

文字校對 ― 許宸瑞

封面設計 ― 姚孝慈

出 版 者 ― 五南圖書出版股份有限公司

發 行 人 ― 楊榮川

總 經 理 ― 楊士清

總 編 輯 ― 楊秀麗

地　　　址：106台北市大安區和平東路二段339號4樓

電　　　話：(02)2705-5066　　傳　　真：(02)2706-6100

網　　　址：https://www.wunan.com.tw

電子郵件：wunan@wunan.com.tw

劃撥帳號：01068953

戶　　　名：五南圖書出版股份有限公司

法律顧問　林勝安律師

出版日期　2025年1月初版一刷

定　　　價　新臺幣380元

經典永恆・名著常在

五十週年的獻禮 —— 經典名著文庫

五南，五十年了，半個世紀，人生旅程的一大半，走過來了。

思索著，邁向百年的未來歷程，能為知識界、文化學術界作些什麼？

在速食文化的生態下，有什麼值得讓人雋永品味的？

歷代經典・當今名著，經過時間的洗禮，千錘百鍊，流傳至今，光芒耀人；

不僅使我們能領悟前人的智慧，同時也增深加廣我們思考的深度與視野。

我們決心投入巨資，有計畫的系統梳選，成立「經典名著文庫」，

希望收入古今中外思想性的、充滿睿智與獨見的經典、名著。

這是一項理想性的、永續性的巨大出版工程。

不在意讀者的眾寡，只考慮它的學術價值，力求完整展現先哲思想的軌跡；

為知識界開啟一片智慧之窗，營造一座百花綻放的世界文明公園，

任君遨遊、取菁吸蜜、嘉惠學子！